XINSHIDAI GAOXIAO JIAOYU GUANLI
YU SHIJIAN YANJIU

新时代 高校教育管理与实践研究

宋翠平 ◎ 著

北方文艺出版社

图书在版编目（CIP）数据

新时代高校教育管理与实践研究 / 宋翠平著 . —— 哈尔滨：北方文艺出版社，2024.8
ISBN 978-7-5317-5697-2

Ⅰ.①新… Ⅱ.①宋… Ⅲ.①高等学校—教育管理—研究 Ⅳ.①G640

中国版本图书馆CIP数据核字（2022）第124996号

新时代高校教育管理与实践研究
XINSHIDAI GAOXIAO JIAOYU GUANLI YU SHIJIAN YANJIU

作　　者 / 宋翠平	
责任编辑 / 张贺然	装帧设计 / 云上雅集
出版发行 / 北方文艺出版社	邮　　编 / 150008
发行电话 / (0451) 86825533	经　　销 / 新华书店
地　　址 / 哈尔滨市南岗区宣庆小区 1 号楼	网　　址 / www.bfwy.com
印　　刷 / 长沙市精宏印务有限公司	开　　本 / 710mm×1000mm 1/16
字　　数 / 200 千	印　　张 / 16.5
版　　次 / 2024 年 8 月 第 1 版	印　　次 / 2024 年 8 月第 1 次印刷
书　　号 / ISBN 978-7-5317-5697-2	定　　价 / 85.00 元

目 录

第一章 高校教育管理的内涵

第一节 高校教育管理的本质与内容⋯⋯⋯⋯⋯⋯⋯⋯⋯⋯⋯ 002

第二节 高校教育管理的指导思想与原则⋯⋯⋯⋯⋯⋯⋯⋯⋯ 006

第三节 高校教育管理的重点⋯⋯⋯⋯⋯⋯⋯⋯⋯⋯⋯⋯⋯⋯ 014

第四节 高校教育管理的重要性⋯⋯⋯⋯⋯⋯⋯⋯⋯⋯⋯⋯⋯ 018

第二章 高校教育管理模式的分类

第一节 高校课程管理⋯⋯⋯⋯⋯⋯⋯⋯⋯⋯⋯⋯⋯⋯⋯⋯⋯ 024

第二节 高校学生管理⋯⋯⋯⋯⋯⋯⋯⋯⋯⋯⋯⋯⋯⋯⋯⋯⋯ 031

第三节 高校课程考试管理⋯⋯⋯⋯⋯⋯⋯⋯⋯⋯⋯⋯⋯⋯⋯ 038

第四节 高校行政管理⋯⋯⋯⋯⋯⋯⋯⋯⋯⋯⋯⋯⋯⋯⋯⋯⋯ 047

第三章 新时代高校教育管理模式创新的理念

第一节 融入开放性的思想⋯⋯⋯⋯⋯⋯⋯⋯⋯⋯⋯⋯⋯⋯⋯ 058

第二节　坚持以人为本的理念 …………………………… 061
　　第三节　提升教育服务意识 ……………………………… 068
　　第四节　创新管理方式 …………………………………… 078
　　第五节　有效利用网络 …………………………………… 085

第四章　高校教育文化管理创新

　　第一节　文化和文化管理的内涵及发展过程 …………… 096
　　第二节　高校文化管理的特点和意义 …………………… 098
　　第三节　高校文化素质教育的管理现状 ………………… 102
　　第四节　高校文化管理的举措 …………………………… 104

第五章　高校思想政治教育管理创新

　　第一节　新时代高校思想政治教育管理的意义 ………… 108
　　第二节　高校思想政治教育管理的内涵和特点 ………… 112
　　第三节　高校思想政治教育管理的方式方法 …………… 116
　　第四节　高校思想政治教育工作的实践路径 …………… 120

第六章　高等教育管理改革与发展

　　第一节　我国高等教育管理概况 ………………………… 132
　　第二节　高等教育立法 …………………………………… 138

第三节　高等教育管理改革与发展…………………………… 141

第四节　高等学校的领导者…………………………………… 154

第五节　构建中国特色现代大学制度………………………… 159

第七章　高校教学管理及队伍建设

第一节　教学管理队伍建设的现状…………………………… 166

第二节　高校专业、课程建设与管理………………………… 169

第三节　高校教育质量监控管理体系………………………… 183

第八章　高校教育管理体系中的行政管理建设

第一节　高校行政管理综述…………………………………… 192

第二节　当前高校行政管理中的问题及思考………………… 193

第三节　高校行政管理改革与创新的具体措施……………… 198

第九章　移动互联网时代高校教育管理工作的新机遇和新挑战

第一节　网络时代的来临……………………………………… 218

第二节　移动互联网时代高校教育管理工作的指导思想与准则

　　　　………………………………………………………… 225

第三节　移动互联网时代高校教育管理工作的新机遇……… 239

第四节　移动互联网时代高校教育管理工作的新挑战……… 248

第一章
高校教育管理的内涵

第一节 高校教育管理的本质与内容

20世纪以来,科学技术有了长足的发展,国力竞争日趋激烈,"全球化"体现在社会发展的各个层面。高等教育的全球化发展日渐重要,在高校改革尤其是教学改革工作的不断深化中,教学管理工作的改革显得尤其重要,成为提高教育教学质量的关键因素之一。《国家中长期教育改革和发展规划纲要(2010—2020年)》明确指出:"严格教学管理,健全教学质量保障体系,改进高校教学评估。充分调动学生学习积极性和主动性,激励学生刻苦学习,增强诚信意识,养成良好学风。"高校要全面提高教学质量、促进科学发展,不仅要加强办学条件、教学设备等硬件建设,更需要强化科学合理的、专业化的教师队伍、管理人员队伍等软件建设。新形势下,教学管理队伍作为管理工作的主体,其素质、能力与管理水平直接影响着高校教学工作的稳定、发展和提高,直接影响着高校教学质量和未来发展。建设一支职业道德、专业思想、专业知识、专业能力和专业品质成熟的专业化教学管理队伍,对于高校的科学发展具有重大的价值和意义。

教学管理工作是高校管理的中心工作,是高校维持正常的教学秩序、实现人才培养目标、提高教学质量的保证。教学管理队伍是教学管理工作的主体,是教学管理工作的执行者,是学校的重要组成部分。高素质、高水平的教学管理要求建设一支结构合理、队伍稳定、素质高、服务意识强、创新能力强的专业化、职业化的教学队伍。高素质的教学管理队伍是有效促进高校教育教学质量提高、突出培养优势和管理特色、保证高校未来可持续发展的重要人力保障。

一、教学管理的组织系统

教学管理的组织体系,也就是教学管理的组织与方法体系,它是由教育行政的集体责任分配、层级统属和集体意识组成的具有自我调节和自我发展的社会系统;重点是"由谁来经营、如何经营"。而行政体系则是指机构设置、隶属关系、责任计划等组织体系的系统化。如何有效地发挥教学管理的组织职能,取决于其管理制度与组织结构的合理与优化。管理制度是一个较复杂的有机系统,是一个组织成员行为关系的体系,是一个成员不断适应的生态组织,是一个成员的角色关系网络。教学管理机构的建设,其目的在于建立科学、完善的教学管理制度和运作机制,为教学、教师和学生提供服务。教学管理体系集中于纵向的流程管理和横向的目标管理。纵向系列指学校、二级学院、教学系部、研究部;本系列课程涵盖了教学、科研、学生管理、人事、政工、后勤保障等方面的管理;为了实现教育工作的共同目的,人才的培养,必须使两个学科达到完全的和谐。

要构建高效、灵活,能创造性地工作的教学管理体制,就必须加强和强化教学管理队伍的建设,形成一支高素质、高素质、稳定教学管理干部队伍。

二、教学管理的本质

教学管理的实质就是在高校的多层次、多因素的体系中,把教学子系统当作研究的对象,对有限的人力、物力、财力进行科学规划,使教学资源得到优化,从而达到教学的最大效益。

三、教学管理的基本任务和职能

教学管理的根本任务就是对培养、改革、建设和管理进行系统化的计划，利用现代科学的管理手段，使整个教学活动在动态演化中实现预定的教育和教学目的。在培养过程中，要充分发挥管理的协调功能，充分调动各方的主动性，确保教学目标在各个环节都能顺利完成。

教学管理的功能可以概括为：决策、规划、组织、指导、控制、协调、评价、激励、研究和创新。

四、教学管理内容体系

做好教育管理工作的关键在于，每个教育工作者都要明确自己要做些什么。教学管理是一个有机统一的整体，其内容系统是从各个角度表现出的系统架构。从教学管理的科学系统或工作系统上，可以归纳为"四项管理"，即：教学计划管理、教学运行管理、教学质量考核管理、教学基础管理；从教育行政功能的视角，包括决策规划、组织指导、控制协调、评价激励和科研创新；在教学管理的水平上，主要体现在教学改革、教学建设两方面。

（一）教学计划管理

教学计划是确保教学质量、培养标准、组织教学活动、安排教学任务、确保教学编制的重要依据。《教学大纲》是在教育部的宏观指导下，由各高校组织专家自行制定的。在适应社会、经济、科学技术发展的新形势下，应不断地对其进行修正。一旦制定好了教学方案，就要认真地组织和执行。教学规划管理的中心工作是精心规划人才培养方案，这要求我们在进行必要的基础调研中（包括国内外同类专业的改革与发展趋势，尤其是新的教育观念、新的教学内容、课程体系、教学环节、人才培养方式等），要组织本专业的学术带头人、教学带头人和有一定资历的骨干教师，对课程结构进行初步探讨。只有对整个课程结构进行总体优化,明确地描述人才培养的总体设计,才能相应地培养出高素质的毕业生。

(二)教学运行管理

通过规范、协调的管理,确保教学工作的平稳运行,确保教学质量,是教学管理的根本。教学运作管理是指在实施教学计划时,对教学活动和有关辅助工作进行组织与管理。教学过程既是在老师的引导下对学生进行认识的过程,也是学生在教学中得到充分发展的综合过程。高校的教学过程组织管理具有以下几个方面:其一,是学生学习的独立性、自主性和探索性逐渐加强;其二,以扎实的基础知识为基础,进行适当的职业教育;其三,教育与科学研究相结合。针对上述特征,应从以下两方面着手:一方面是编制好课程大纲;另一方面,要对课堂教学、实践教学和科研训练三大环节进行管理,制定相应的管理内容、管理要求、管理程序。

(三)教学行政管理

教学管理是指学校、二级学院、系部等教学管理机构按照教学规律、学校章程行使管理权限,对教学工作及辅助工作进行科学合理的组织、指挥、调度,以保障学校教学工作稳定有序运行的协调过程,也包括严格、规范地做好教学的日常管理、学籍管理、教学管理、教学资源管理和教学档案管理等工作。

(四)教学质量管理与评价

教学质量是一个综合的概念,教学质量的评价应包括教学、学习、管理等方面的综合评价;教育品质的形成是一个渐进的、累积的过程;教学质量是静态与动态的有机统一,因此,教学质量的实现必须以动态、过程为导向，以确保并改善教学活动、教学环节、教学质量。要做好教育质量管理，必须转变教育观念，提高教育质量。要对质量监控进行深入的研究，要对其进行全面的质量监控设计，并构建符合学校实际的质量监控体系和运作机制。大学要建立科学的、抓住核心的、可操作的质量管理模型，主要有：教学质量的检验、评价、设计、采集、测量、统计分析、管理。

第二节 高校教育管理的指导思想与原则

一、高校学生管理的理论根据和指导思想

科学管理对提高管理效率，优化教育质量具有十分重要的意义；科学管理有赖于符合客观实际的、法制化的、人性化的管理规章制度，而这一切都离不开科学的管理思想。科学的管理思想分为以下三个层次：一是作为认识理论的管理思想；二是管理应遵循的基本原则；三是在实际操作中所运用的具体方法。

（一）管理思想

所谓管理思想，是指"关于管理的观点、观念或理论体系，是管理理论和实践结合在人们头脑中的反映"。管理思想对管理工作起指导作用，它随着人类社会及其管理活动的产生、发展而产生和演变。古代朴素的管理思想兴盛于中国、古巴比伦和印度等地。公元前2000多年，古巴比伦《汉穆拉比法典》颁布的282条法律，体现了远古法规的管理思想。中国在公元前1100多年，出现了经权管理思想。后有历代的"人治""法

治"及"知人善任"等管理思想。

19世纪后,随着机器大生产的兴起,欧洲出现古典科学管理思想以及法约尔的管理原则与过程理论等。从20世纪20年代开始,出现了人际关系——行为管理思想。20世纪60年代以后,出现了诸多管理学派,管理思想纷繁,被喻为进入了管理理论的"丛林时期"。高校学生管理属教育管理的范畴,其管理思想理应是教育管理思想的同类,是一个极为复杂的理论课题。必须确定自己的理论前提,也就是要与某种思想理论联系起来,以确立自己的基本方向。从哲学的层面看,高校学生管理思想主要包括以下四个方面的内容。

1.运用相互联系的管理思想。高校学生管理是一种复杂的社会现象,从宏观上分析,高校与社会、家庭和时代是联系在一起的,大学生当然也不是孤立于社会、与世隔绝的,所以高校学生管理牵涉社会、家庭,影响着时代,同时也受时代或者历史条件的限制。从微观方面来看,高校学生管理诸要素之间也是相互联系、相互制约的,如管理与学习之间的关系、管理与教育之间的关系、管理与服务之间的关系、管理过程与管理结果之间的关系等,都是相互影响、相互制约的。

2.运用动态平衡的管理思想。管理是一个过程,这一过程是在不断发展变化的,既受政治、经济和文化变化的影响,又受高校本身物力、财力及办学思路变化的影响。一切都在变化中,管理工作也处在不断完善的发展之中。同时,作为管理对象的大学生和研究生的人格、思想、行为也在学生管理过程中得到逐步发展与完善。所以,把动态平衡的管理思想运用于管理工作中,就必须要有发展的观点,要有与时俱进的勇气,立足于现实,着眼于未来,不断地分析和研究新的情况,解决新的问题。

3.运用对立统一的管理思想。在高校的学生管理活动中,客观存在着各种矛盾关系,需要运用对立统一的管理思想对这些问题和矛盾进行分析研究并最终予以解决。例如管理者与管理对象之间的矛盾，教育、服务与管理之间的矛盾关系等。

4.运用实践探索的管理思想。实践是检验真理的唯一标准，同时，实践又是正确认识的主要来源。高校学生管理是一门实践性很强的科学，有很高的操作性要求。因此，我们在开展高校学生管理工作的时候，一定要有实践意识，要有探索创新的勇气，并将实践过程中形成的好的经验提升到理论的高度，从而在整体上指导学生管理工作的新实践。如此反复，以至无穷，以推动我们的学生管理工作不断提升水平。

（二）指导思想

研究我国高校学生管理，主要应注意运用以下几个方面的理论观点和指导思想。

1.坚持关于人的全面发展的理论，培养有理想、有道德、有文化、有纪律的全面发展的高级专门人才。做好研究工作首先要解决"为谁培养人"和"培养什么人"的问题。我国社会主义大学的性质决定了我们必须确保学校培养出来的毕业生，不仅要有扎实的科学文化知识和健康的体魄，而且必须具有高度的社会主义觉悟，也就是要有理想、有道德、有文化、有纪律。

2.运用马克思主义关于辩证唯物主义的理论，用对立统一观点指导高校学生管理，在管理中坚持整体观。要运用对立统一观点，坚持管理的整体观。在纵向上，坚持整体观就是局部与整体的统一，从学生管理工作的整体系统看，组成这个有机整体的各部分又都是一个个支系统，是局部。学生管理系统的整体功能是由各部分的组合形式决定的，虽然支系统都各自具有特定的功能，但它们都应服从于学生管理系统整体的目的和功能，各个支系统的要素都是为了整体目的而建立的。在横向上，坚持整体观就是处理好各个支系统之间的分工与合作的一致性，把各部门都协调到为培养全面发展的人才这一共同的管理目标上来。

3.运用高等教育和现代管理科学理论指导高校学生管理，使大学生管理科学化。现代治校观念要求我们靠现代科学来管理学校、管理学生。具体来说：一要靠教育科学，要遵循教育的外部规律与内部规律办事。比如高等教育的规模由一定的经济基础所决定，反过来又作用于一定的经济基础。高等院校作为高等教育的主要载体和平台，人才、资源、市场面临着越来越激烈的竞争，理念、体制、结构也面临新的变革和调整。高校要准确把握时代脉搏，直接面对市场办学。大学生管理也要研究新情况，解决新问题，面向21世纪培养高素质的复合型人才。二要靠运用现代管理科学的理论与方法进行管理，使学生管理队伍的组织机构严密，管理制度科学，人员分工合理，职责范围明确，奖惩分明，动作协调，工作高效。运用现代管理科学指导学生管理主要是运用它的基本原理：系统整体性原理、要素有用性原理、动态相关性原理、人的能动性原理、规律效应性原理、时空变化性原理、信息传递性原理、控制反馈性原理等。我们应在管理实践中力争使管理组织系统化、管理决策科学化、管理方法规范化和管理手段现代化。

4.继承和发扬我国几十年高校学生管理的成功经验。新中国成立以来，高校学生管理工作的成功经验，是当今学生管理工作的宝贵财富。首先，社会主义大学必须坚持中国共产党的领导，坚持社会主义方向，这是我国多年来办大学的一条基本经验。坚持党的领导就是用党的路线、方针、政策作为社会主义大学管理的基本指导思想，就是要确保社会主义大学的社会主义方向，调动全校师生员工的积极性，为培养德、智、体全面发展的高级人才而努力奋斗。坚持社会主义方向，是由我国大学的社会主义性质所决定的。一切管理工作都要根据党的路线、方针、政策去组织、实施。各项规章制度的制定都要有利于坚持"一个中心、两个基本点"，有利于调动广大师生、员工的社会主义积极性，这是衡量管理功能与效益的基本点；其次，管理工作规范化、制度化，既把符合社会主义方向的，又经过实践检验比较成熟的民主管理和科学管理体制、程序、办法用制度形式固定下来，使工作形成规范，其中心点是责、权、利相结合，使制度的思想性和科学性统一；最后，坚持理论联系实际的原则，面向社会实践，实行教育与生产劳动相结合。社会主义大学培养的人才，必须适应社会主义市场经济的需要，在思想上有高度的社会主义觉悟和共产主义献身精神，在业务上不仅要有理论知识，而且要有较强的分析问题和解决问题的能力，要有实干精神和较强的独立工作能力。

二、高校学生管理的原则和基本方法

原则是对客观规律的反映，是观察问题和处理问题的准绳。社会主义学校管理学的原则是学生管理的内在关系的规律性的反映，不是任何人随心所欲创造的。

在学生管理工作中，管理原则处于承上启下的关键地位，是管理目标和实现管理目标的手段之间的中介，是学生管理工作中管人处事所依循的法则，是采取有效手段进行管理活动的基本要求。管理原则和管理目标、管理过程、管理方法、管理制度、管理者之间都有着密不可分的关系并处于指导地位。

（一）高校学生管理的基本原则

社会主义大学学生管理的基本原则是根据学生管理工作的目的、任务和培养学生成为社会主义合格人才的客观规律制定的，它制约和指导着其他个别和特殊原则。

1.学生管理工作方向性原则。管理是一种有目的的活动，管理工作必然具有方向性。以坚持社会主义方向为准绳，这是我国学生管理工作的一个本质特点。我国是社会主义国家，自然要使高等院校成为社会主义性质的育人场所。社会的性质制约着学校的性质，进而决定学校一切管理工作的性质，因此我们的高校学生管理工作，作为一种有目的、有意识的自觉活动，必须坚持党的领导，坚持社会主义方向。

2.理论与实践相结合的原则。理论与实践相结合，坚持实践是检验真理的标准，这是马克思主义的基本原理，也是高校学生管理的基本原则。准确领会和掌握马克思主义相关科学及各种管理原理，从而把握它们的精神实质，这是搞好学生管理工作的前提。但是，管理原理的应用价值和范围，是受不同学校、不同管理对象和管理者水平等因素制约的。党和国家在社会主义现代化建设阶段有着基本的教育方针和政策，在各个不同发展时期，针对不同特点，又提出了一系列具体的方针、政策和要求。这些方针、政策和要求，应当体现在各高校学生管理的具体措施、方法之中。但是科学的学生管理必须从本地区、本校、本专业、本年级学生的具体情况出发，从学生的素质、兴趣、爱好和青年的生理、心理特点等出发，制定出相应的方法和措施。

3.行政管理与思想教育相结合的原则。培养学生的共产主义思想品德，既需要耐心细致的说服教育，也需要坚持不懈的行为训练，使学校的教育要求变为学生的行为习惯，否则，教育的效果就难以巩固。学生良好行为习惯的训练和培养，离不开科学的管理。没有合理的规章制度、行为规范，思想政治教育就会空乏无力。行政管理在培养社会主义合格人才的过程中有不容忽视的作用,它为教育工作提供规范、准则和纪律保证，但是具体的大学生管理是通过规章制度、行为纪律对学生的思想行为进行科学的指导和制约。这些制度、措施、纪律表现为社会与学校的集体意志对大学生的要求，表现为对大学生行为的外在限制。因此，想单纯地运用管理制度去解决学生复杂的精神世界问题，是违背教育规律和不切实际的。社会主义高校对学生进行管理的措施的制定与实施，必须以提高学生的认识能力，培养学生自觉遵守规章制度的自觉性为前提。

自觉地遵守纪律源于正确的认识，离不开正确的教育。我们只有通过科学而有效的思想教育，帮助学生提高执行纪律的自觉性，才能真正实现管理的效能。

4.民主管理原则。社会主义高校学生管理工作的一个重要方面，就是要培养学生自我控制、自我管理的能力，激励学生在管理中的主动意识和主人翁态度，充分调动学生自我管理的内在积极性。因此，在社会主义学校学生管理工作中坚持民主管理的原则是符合整体管理目标的。

从大学生的心理特征看，他们处于心理自我发现期，这一时期他们产生了认识和支配自我、支配环境的强烈意识，他们的思想和行为明显区别于中学生是相对独立倾向的，希望自己的意志和人格受到外界更多的尊重。他们对于学校制定的规章制度、行为纪律，会思考它们的合理性，一般不希望被动地处于服从和遵守的地位，而是要求参与管理。根据社会主义大学的学生培养目标和他们的心理特点，我们在管理工作中应充分发扬民主，把学生看成既是管理对象又是管理主体。在实行民主管理时，我们应注意发挥党团员学生的作用，重视学生干部的选拔与培养。这是调动学生的积极因素，实现学生民主管理的重要任务之一。

（二）高校学生管理的方法

高校学生管理的方法是根据其管理原则，为实现大学生培养目标而在德、智、体及其他方面所采取的具体方式、步骤、途径和手段。一般有以下几种方法。

1.调查研究。对学生的情况，要经常调查、了解、掌握，及时采取相应的处理措施。调查研究时要对调查对象、目的、方法做认真规划，不能临时应付，草率从事。调查中不带偏见，坚持实事求是，不能以上级单位或某人的指示、意见为结论，须寻找材料佐证。在调查的基础上还要用马克思主义立场、观点、方法，对调查材料、调查事物进行分析、综合、研究。

2.建立规章制度。在大学生管理中逐步确立一系列科学的管理制度，这是大学生管理的必要方法。制度要符合大学生身心发展特点，符合教育规律和德、智、体培养目标的要求。制度既要随着教育的发展而不断完善，又要有其相对的稳定性。

3.实施行政权限。按照学生管理的目标、内容制定一系列规章制度、执行措施和学生行为规范，用行政方法进行管理，并通过相应的管理部门及其人员和师生、员工实施监督检查，从而使学生集体或个人的活动达到管理的目标要求。行政方法包含褒扬和惩治两个方面。对遵守管理制度、行为符合规范的集体和个人，应予以表扬；对违反管理制度、行为不符合规范的集体和个人，要有明确的限制措施，并用严格的制度约束其中的特别恶劣者。

4.适当运用经济手段。经济手段是行政方法的补充。在学生管理活动中，对学生给予必要的物质奖励或惩罚，就是经济手段。采用经济手段并不意味着行政方法不足以保证管理实施，而是因为直接触及学生的物质利益，它起的作用是行政方法所难以替代的。用经济手段进行学生管理时，要注意防止一种倾向，即只重视用经济手段去奖惩，而忽视日常的教育和引导，忽视行政管理的作用。同样，不能只重视用经济手段奖励优秀学生，而忽视用同样的手段处罚违纪学生，或者只重视处罚而忽视奖励，导致不能发挥经济手段的作用。

第三节　高校教育管理的重点

一、教学管理的特点

教学管理在高校各项管理工作中的重要地位及教学活动的特殊性，决定了教学管理具有能动性、动态性、协调性、教育性和服务性等特点。

（一）教学管理的能动性

教学管理的能动性是指人的主观能动性。教学管理的对象主要是教师和学生。能否充分有效地调动教师"教"和学生"学"的积极性，是衡量教学管理工作成效的主要标准。在教学管理中，教师和学生具有双重身份，教师作为对学生学习活动的组织者、指导者时属于管理者，发挥管理者的职能，而作为高校教育教学活动的执行者时则属于管理对象，履行管理对象的职能；学生既是学校和教师的管理对象，又是自身学习活动的自我管理者；教师与学生无论是管理者还是管理对象都具有主观能动性，彼此相互影响、相互促进。

（二）教学管理的动态性

教学管理涉及的每个环节都处于动态发展的环境中，如培养方案的制定要随着社会经济的发展更新、完善，教学运行的管理要随着学校教学条件的变化进行合理调整，教学质量的评价体系要随着建设内容的变化不断地进行更新等。在不断变化中总结和提高，使教学管理水平和质量螺旋式向上发展。

(三）教学管理的协同性

教学管理的主要任务是协调好学生的个体活动和学校、教师组织的集体活动，充分发挥教师、学生的个性，有益于个人和集体的协同发展。

(四）教学管理的教育性

教学管理人员通过合理制定管理制度，有效实施管理过程，奖惩分明，帮助学生实行自我教育、自我管理、自我服务的"三自"管理，达到育人的最终目的。

(五）教学管理的服务性

高校的中心工作是育人，教学管理要围绕教师"教"与学生"学"做好服务工作。增强服务意识是对教学管理人员最根本的要求。

二、教学管理队伍的结构

高等学校教育教学管理队伍由分管教学副校长、教务处全体人员、学院（系）主管教学副院长（副主任）、教学秘书（教学办全体人员）和教务员组成。教学管理人员的结构主要包括学历结构、职称结构、年龄结构、学缘结构和性别结构等指标。科级以上管理人员岗位应具备硕士及硕士以上学历，博士学历占一定比例；处级岗位、教学副院长（副主任）和重要科级岗位应具备副教授以上职称，教授占较大比例；老、中、青各层次人员合理分布，教学管理队伍既要有教学管理经验丰富的中老年专家，又要有充满活力、信息技术强的青年骨干；学缘结构上非本校人员应该占多数比例，有利于发挥不同的管理思想，承担重要岗位工作的教学管理人员应有基层教学管理工作经历。

三、教学管理的重点

(一)注重提高教学管理人员职业道德和业务能力

学校应充分认识到教学管理人员对学校发展所起的重要作用,注重培养教学管理人员的政治思想素质,树立高尚的事业心、责任心及奉献精神。

首先,教学管理人员处于承上启下的关键位置,承担上传下达的工作职责,既要贯彻执行上级部门的文件精神与工作部署,又要组织、协调学校的教学管理工作,同时还要直接面对教学一线的教师,处于与学生沟通交流的前沿,这样的工作定位与工作职责要求教学管理人员首先要具有职业道德与高度的责任感。教学管理工作涉及面广、内容多,事无巨细,看似事小,实质关系重大。比如传达上级文件精神、组织安排学校教学工作计划、教师停调课安排、考试工作安排、学籍档案管理等,年年重复,天天面对,很容易引起认识上的麻痹。看起来都是小事情,但每件小事的管理出现差错就会直接导致院(部)甚至全校教学秩序的混乱,教学工作无法正常运转,影响极大。其次,教学管理人员要具有团结协作精神。高校教学管理工作的特点之一是层次管理,既有一定的独立性,又相互协作与配合。只有具有良好的团队协作精神,才能全方位地处理好分工负责的工作,为师生创造良好的工作环境,解决工作中遇到的问题。最后,要具备较强的业务素质。教学管理人员的业务素质与能力是其独立从事教学管理工作,解决实际问题,顺利完成任务的根本条件。学校应提高教学管理人员的业务素质,使其熟练掌握教育学、心理学等有关高等教育专门知识,掌握教学管理的基本理论和专门知识,准确评估教学发展趋势,协调各部门、各因素之间的相互关系,促进各类信息的精确流通,不断创新管理方法,提高管理素质和水平;结合工作实际,开展教育科学研究与实验，适应管理科学化、现代化的要求。

（二）正确处理教学管理与教学质量的关系

教学管理是指学校按照既定的目标和原则，对整个教学活动进行有序的调控与控制。教学管理的各个方面都与教学质量密切相关。教学质量评价体系包括培养方案、制定教学计划、安排教学任务、跟踪监测、信息收集、统计分析、质量评价等。同时，根据学生的反馈和评估结果，对教学方案进行及时的更新和调整。每个工作的具体内容都涉及了很多方面，例如，教学追踪监控是指检验教学手段的先进程度、教学内容的新奇、理论与实践的结合程度、课堂的吸引力、学生作业、实验、实习、考核结果的评价等。教育管理要以提高教育质量为中心，不断地进行教学管理，不断地改革和完善教育管理体系，不断创新和发展适应人才培养和提高素质的新的教育管理体系。

（三）正确处理教学管理人员与教师教学任务的关系

教职员工与教师共同担负着教育任务，教职员工主要负责有效地整合和使用教育资源，而教师负责传授知识、启发思想。"管理育人"与"教书育人"是相辅相成的，二者虽不存在管理者与被管理者、监督与被监督的关系，但存在着相互影响的关系。二者是相互联系、密不可分的，是同一目标的两个不同层次，具体表现在：

1.教育管理者是把老师的"教"和"学"的联系起来，把二者的矛盾和问题统一起来，并为"教""学"创造一个良好的教学环境。

2.教师通过对教师教学质量的多种信息进行整理和分析，对"教"和"学"的关系进行评价。对教师在教学中的学术水平、教学水平、工作态度、工作态度进行评价，并对教师的教学目标进行评价，促进教师根据社会发展、市场需求，持续提高教学水平，培养适应社会需求的高质量的人才。

3.教师和行政人员要积极参与到专业建设、课程建设、教材建设、实验室建设等方面。在教学调查、研究、分析的基础上，提出教学改革与改善的方案。

4.教学管理人员为教师提供教学所需的帮助，创造优质的教学环境，让教师集中精力投入教学。

（四）注重教学管理与教学研究的关键

高校的教学管理是一个通过长期建设与积累，只有在高校中才能实现的教学管理，只有保证教学的正常运转，才能达到初步的目标。加强教育教学的研究，是提升人才培养质量、改善教学管理的重要途径。实践表明：重视教育、科研工作的学校，具有明确的指导思想，正确选择目标，审时度势，根据国情和校情，确立新思想、新思路、新措施、新制度，使教学和管理都处在高水平。在教学管理、教学管理等方面进行得较差的学校，往往在教学改革中处于滞后状态，未能把握好教学改革的关键和核心。所以，重视教育与教学的研究，是提高教学管理水平、提高质量、提高效益的关键。

第四节 高校教育管理的重要性

教学管理是高校教育工作的重要组成部分，对培养高质量的人才起着重要的作用。原教育部部长周济在第二次全国普通高等学校本科教学工作会议上指出：当前加强教学工作的主要任务和基本举措是加大教学投入，强化教学管理，深化教学改革。这既需要各高校结合本校实际，健全和完善各项教学工作规章制度，还需要采取措施，确保各项规章制度严格执行。高校实施先进有效的教学管理，离不开高素质的教学管理人员。只有具备一支业务能力强、创新意识强、实干精神强的教学管理队伍，高校的教学管理水平才能不断提高。

一、教学管理人员具备的素质能力

现代教育要求高校教学管理必须适应时代的发展，对在第一线的教学管理工作者提出了更高的要求，要求他们具备多方面的综合能力和素质，具体表现在以下几个方面。

（一）具备高尚的道德素质

良好的道德素质是搞好教学管理工作的基本条件。高校教学管理人员的道德素质如何，直接关系到学校教书育人的成效。"学为人师，行为世范"，教学管理人员应以自身的思想、学识和言行以及道德人格力量直接影响学生，做到管理育人。

（二）具备强烈的责任心

教学管理工作既有较强的连续性，又会遇到新情况、新问题；工作头绪多，任务重。强烈的责任心能产生工作主动性，是教学管理人员必备的品德。如每学期的期末考试，从安排、组织考试，到上报各种考试报表，再到各科试卷、成绩单的整理归档，每个环节都必须认真负责，才能较好地完成工作。

（三）具备扎实的业务知识素质

首先，要掌握系统的管理学知识。随着教学体制改革的深入，教学管理人员应掌握系统的管理学知识，按照管理规律办事，采用科学的管理方法，合理地分配人力、物力、财力，提高教学管理工作的效率。其次，要掌握相关学科知识，这是搞好教学管理工作的基础。院级教学管理人员应了解本院各专业的培养目标、课程体系及各教学环节的有关内容。最后，随着科学技术的飞速发展，办公自动化的程度越来越高，教学管理人员应学习和掌握相关的信息手段与技术，如掌握学籍管理系统、教材管理系统、教务管理系统、教学评估系统、毕业证书管理系统的应用及有关日常文书处理软件的使用等，促进教学管理方法的创新，保证教学管理工作的规范化、科学化和现代化。

（四）具备较强的工作能力素质

能力是使教学管理活动顺利完成并获得预期效果的基础和保障，能力培养和提高甚为重要。一名优秀的教学管理人员应具备一定的组织管理能力，较强的协调应变能力，利用现代化设备获取信息、处理信息的能力，较强的调查研究能力及团队协作能力等。这些能力是教学管理人员准确评估教学的发展趋势，协调各教学单位间相互关系，促进教学信息良性流动所应该具备的基本素质能力。

二、教学管理的重要性

从世界高等教育的发展趋势看，深化教学管理是当今世界高等教育发展趋势的客观要求。提高人才培养质量是世界各国面临的共同课题，高等学校都在思考"21世纪的高等教育应该如何发展"。严格规范的教学管理，特别是加强教学质量的控制是提高高等教育质量的重要保证，向管理要质量是教学改革的重要任务之一。从高等学校教学管理的实际需要来看，近年来，我国高等教育得到了快速发展，2009年高等教育在学总规模达到2979万人，在校生达到2826万人；2017年9月，中国高等教育在学总规模达到3699万人，占世界高等教育总规模的1/5，规模位居世界第一。但教育大国不等于教育强国。随着学校规模的扩大，教师的结构发生了巨大改变，教师的教学与管理经验缺乏，对传统传承的研究还很少，对教师队伍的建设也没有给予足够的关注；同时，由于教育管理人员的频繁变动及管理人员的素质结构和水平参差不齐，导致教育思想的观念不能满足现代高等教育的迅速发展，从而影响到教育教学的持续、健康发展。

从高等学校教学和管理队伍的历史、发展和形成来看，目前绝大多数从事教学管理工作的人员在校学习期间缺乏系统的"教育学""心理学""教育管理学"等方面专业技术知识的学习，大部分人员是通过实际工作的不断探索而积累经验的，不能够从理论上、教学规律上更好地把握教育工作和教学改革的建设工作。

在高等教育的发展过程中，很多学校都没有将其视为一种科学，教育与教学的管理还不够完善，缺乏与之相适应的信息交流。缺乏教育教学与科研环境，缺乏有组织、有计划、有目的地开展教育与管理的研究，对学习、借鉴、继承、发展等一系列问题缺乏系统性的思考与具体安排。

三、管理队伍建设的意义

加强教学管理队伍建设是增强学校竞争力的有力举措。当前，我国共有普通高等学校2600余所，各种形式的在校生总规模超过2700万人。随着社会的发展，高校间的竞争越来越激烈。"如何招到更多的优秀学生，如何培养出更多的高素质学生，如何使本校的学生在就业市场占据有利的地位"，成为各高校普遍关注的重要问题。而从新生入学、过程培养，到毕业生离校的整个学习过程，任何一个环节都离不开教学管理的保障。教学管理队伍实力强，则教学过程中的理念就先进，制度就健全，教与学的环境就更严谨、公正，学生掌握的知识和技能就更全面。

加强管理队伍建设将使教学质量得到提高和保障。

加强教学管理队伍建设是提升学校教学工作水平的必由之路。2006年，教育部关于《普通高等学校本科教学工作水平评估方案》列出了19项二级指标，"管理队伍"是其中的考核项目之一；第二次全国本科教学工作会议后出台的《关于进一步加强高等学校本科教学工作若干意见》中，教育部共提出16项具体要求，其中"强化教学管理……加强教学管理队伍建设"是其中之一。由此可见，在考查教学管理水平时，教学管理队伍的建设是重要的评价指标。实际工作中，教学管理队伍也确实为提升教学工作水平发挥了关键性的作用。无论是办学指导思想、师资队伍建设、教学条件和利用、专业建设与教学改革，还是教学管理、学风与教学效果，所有这些决定教学水平的项目，都与教学管理人员的工作息息相关。只有加强教学管理队伍建设，并将高素质的教师队伍与高质量的教学组织管理有机地结合起来，才能创造出良好的教育教学质量，不断地提升教学工作水平。

加强教学管理队伍建设是提高人才培养质量的重要手段。人才培养是高等学校的根本任务，质量是高等学校的生命线。为全面提高人才培养质量，必须强化教学管理，深化教学改革，积极推进教育创新，尤其要推进人才培养模式、课程体系、教学内容和教学方法的改革，促进传授知识、培养能力、提高素质的协调发展。教学管理人员是深化改革、推进创新的主要策划者、实施者和监督者，教学管理队伍的水平直接决定了学校教学改革的广度、深度和力度。所以，提高人才培养质量必须加强教学管理队伍的建设。

第二章
高校教育管理模式的分类

第一节　高校课程管理

高校课程建设是学校教学基本建设的重要组成部分，是提高教育教学水平和人才培养质量的关键，它对高校的教育质量有着举足轻重的影响。近年来，国家狠抓教学内容、课程体系和教学方法的改革及教学管理，对高校课程建设提出要求，以提高高等学校的教学质量。

一、高校课程管理的意义

高等教育在各种力量的影响下，一直处于改革中，高等教育体制改革是其中的重要内容，我国高教体制几经改革，已初步确立社会主义市场经济体制下的高等教育体制基本框架。但是高等教育体制改革对高校的课程、教学实践，尤其是课堂实践的触动甚微，因为高教体制改革的焦点是决策权和权力归属，对高校课程、教学不产生实质性的影响。要提高高校课程、教学的质量就需要课程管理来解决，而高等学校课程管理又是一个亟待开拓的领域。高等学校课程管理意识的淡薄与高校课程改革、人才培养模式的转变和教学体制改革的实际发生冲突，进行高校课程管理研究具有深远的理论和现实意义。

（一）从理论上看

1.课程管理不仅是一个研究领域的开拓，而且是课程理论研究的逻辑发展，是课程理论的自我完善。课程研究以美国最为发达，影响也最广。它的研究重点集中于课程目标的确定、课程内容的组织、课程实施、课程评价等问题。他们认为课程管理是学校管理的一部分，不予重视，因而对课程管理的研究就被忽略了。我国接受的是以美国为主的西方课程理论，课程管理研究被忽视也是自然的。我国有学者较早就注意到了课程管理的问题，指出课程管理理论与课程设计理论、课程评价理论一样，是课程理论的一个重要组成部分。课程理论要走向成熟，首先要解决课程理论中的课程开发、设计、评价等基本理论问题。随着课程理论改革的深入，课程管理问题就必然要提到议事日程上来，课程管理与整个课程领域的问题及其他问题都相关，重视课程管理的作用和研究也是课程理论自身发展的要求

2.高校课程管理研究是高等教育管理研究的必要补充和突破。高等教育管理的研究与高校课程管理的研究在总的指向上是一致的，都是为了更好、更有效地培养所需的人才，更好地满足高校与社会的要求。高等教育管理学已成为一门独立的学科，其主要内容是高等教育体制、教育方针政策、高等教育领域、教育经费，以及高校内部管理中的学校组织、人事管理、教学管理、后勤管理等。而高校课程管理涉及的问题要具体得多，如课程标准的制定、课程实施过程的监控及管理机构的设立权限和职能的规定，它们都是具体的工作。高等教育管理学涉及的是整个高教管理领域的问题，它能提供的是由于各种问题的原理的内容，以及对高教管理的分析框架。它的一般理论特性使其不能对像课程这样的特定领域做出直接的运用，而且由于高等教育管理学的研究范围的限定，使其不能对课程管理的问题做出详细的讨论。所以，正像教育理论不能替代对高校课程管理的研究一样，开辟高校课程管理的研究领域就非常切合实际需要。

（二）从实际层面上看

1.高校课程管理研究促进了高校管理观念的转变与确立。高校的管理运行机制长期习惯于自上而下的行政控制与管理，学校的设置与

发展规模，学生的培养要求等都由国家计划限定，这种既无竞争又无淘汰地运行状态极大限制了高校自我发展的能力。如今，"对包括课程编制在内的人才培养的全过程进行管理，已经正在成为一种新的大学管理理念"，高校课程管理领域的出现反映了我国高等教育管理领域在思想观念上的变化。高校课程管理理论的建立，要以课程评价、课程设计等理论为基础，以人员管理、机构调整等观念的转变为前提。高校课程管理领域的开拓，会推进高校管理观念的转变，从而促进新领域的确立。

2.课程管理研究可以促进课程行政的顺利转轨。我国高等学校课程的行政管理体系，自20世纪50年代以来，全国一直由中央统一管理，形成了高度集中的大一统模式。此种情况在新中国成立初期的特定情形下是适宜的，但是经过长时间的课程变革和社会大环境的变革，课程领域出现了许多新的情况：课程要求增加弹性和灵活性、学校课程决定权归属、及时按人才培养调整课程内容等，这些也是学校课程管理要研究的。课程管理研究内容的变化，会使课程管理体制做出相应的变革。课程行政转型之后，又可以使学校课程管理更加灵活有效，有利于调动中央、地方和高校三方面的积极性；有利于中央、地方、高校课程管理各司其职，明确权限，提高课程管理水平。

3.课程管理可以使高校课程改革健康、顺利发展。课程改革是整个教育改革的突破口，课程改革是教育改革成败的关键。课程改革是一个系统的过程，其组织、实施、评价和推广等需要课程管理的介入。假如这些工作不能实现，那么课程改革就不能取得良好成效。我国的课程管理水平已经落后于课程改革的需要，课程改革的深化正期待着课程管理水平的提高。

二、高校课程管理研究的现状

（一）课程管理的研究历程

课程管理研究最早可追溯至1925年美国学者弗兰德提出的课程控制（curriculum control），他结合学校情况做了一些实证研究，其后，实证与理论性的探讨便不断增加。20世纪80年代初，巴林杰和墨菲等人提出教学领导（instructional leadership）问题，引起了教育界极大的重视，同期，课程管理（curriculum management）和课程领导（curriculum leadership）的研究成果也开始相对较多出现。日本在20世纪六七十年代也出现了以课程经营或运营为名的成果。80年代后期，中国的廖哲勋等人的著作中也涉及了课程管理问题，但是未见专门研究的论著。至于被普遍认可的课程管理（curriculum governance）一词，直到1994年在课程视导与开发学会（ASCD）的年鉴中才由亚历山大提出。

（二）课程管理研究的内容

1.课程管理的研究课题。课程管理研究处于起步阶段，明确课程管理领域要探讨的问题显得十分必要。钟启泉认为，课程管理的工作内容有：关于课程标准的工作，关于课程编制的工作，关于课程实施的工作，关于整顿课程实施条件的工作，关于课程评价的工作。郭晓明提出，当前课程管理中亟待探讨的若干问题是：课程管理基本体制研究，即课程设计管理、课程实施管理和课程评价管理。李慧君则认为，课程管理应做好以下几点：建立健全课程管理体制，按可控系统建立课程管理模式；建立健全课程管理制度。日本课程管理的研究以课程的经营或运营来体现，如日本教师养成研究会编的《课程》（1949年）中提出，课程运营要研究教师的工作、教学大纲、课程实施上的问题和学习环境的问题。海后宗臣在《教学经营大系卷四》（1963年）中列举课程经营要进行学科的经营——教学目标的确定、教学计划的制订、教学方式及其管理、测验管理；道德科的管理——设置道德科的基本观点、道德科的年度教学计划的原则、结构及编制、教案的编写与资料的活用；课外活动的管理——课外活动管理和学校例行活动的管理。《现代学校经营讲座卷三》（1976年）确立课程管理的理论框架如下：课程的标准与编制，学校的教育计划与课程编制，教授、学习的系统化，设施、设备、教材、教具的管理，课外教育与课程，教育决策与评价。可见，课程管理研究主要集中于课程管理体制、过程和技术手段等领域。

2.课程管理体制研究。关于课程管理体制的类型，国内研究较多的是课程管理体制方面。贾非、郭继东，郭晓明等对课程管理模式进行了讨论，认为可以分为统一计划型、分散管理型、板块型和蛋糕型四种，并做了比较分析，认为实行统一与分散结合的模式（体制）是我国课程管理体制改革的方向。郭继东认为，我国的课程管理体制改革不能采取激进方式。在改革过程中，首先，要将课程管理权做合理分解；其次，应采用并行和渐进策略，促使课程管理体制顺利过渡；最后，要吸取板块型和蛋糕型的各自优势，提高课程管理体制的科学化。郭晓明明确提及课程管理机构，他指出，基础教育中央教育行政部门应设立三个相互联系的管理机构，即"全国中小学课程委员会""全国中小学教材审定委员会""全国中小学考试委员会"，并对他们的职责和相互关系做了简短的分析。李慧君则着重提出要建立健全课程管理制度，严格按规律、制度管理课程，但是对怎样制定制度只提出了两条原则，对具体制度内容涉及很少。

3.课程管理过程研究。李慧君认为，课程运行的管理包括组织力量。他强调在对课程环境调查研究的基础上进行规划决策：确定课程目标、设计课程结构、选择教学内容等。在课程实施阶段，要通过组织、协调、控制等一系列手段，使课程资源得到充分有效的利用，以便取得最优的课程效果；通过对课程实施结果的评价，找出结果与目标之间的差距，对决策过程和实施过程进行修改、校正，使课程系统最大限度地接近课程目标。

4.高校课程管理研究状态。我国《高等教育法》《中共中央关于教育体制改革的决定》等法规文件涉及了学校课程管理的内容，《大学教学论》《高校教学管理》之类的著作也涉及了这方面的内容，但浅尝辄止，主要是研究教学管理方面的内容。王良志讨论了我国大学课程管理的模式。深入到课程管理问题内部的仅见王伟廉《高校课程管理：中国高校教学改革亟待开拓的研究领域》一文，他对高校课程管理做了初步的界定，主要目的还是呼吁大家关注高校课程管理研究。

高等学校课程管理是以高质量的人才产出为旨归的，然而高校课程的运行往往偏离这一目标。《本科教育设计》（Designing undergraduate education）一书提出，应以时间、空间、资源、组织、程序、成果这六个课程维度来设计、管理学校课程，开发出富有创造性和协调的课程模式，更好地达到学校的教育目标。

吉恩·博考克西亚和戴维·沃特森于1994年主编了《管理大学课程：形成共同动因》（Managing the university curriculum: making common cause）一书，其中以英国高等教育20世纪60年代以来的变革（先是罗宾斯报告，十几年后开放大学出现，以及80年代中期以来受玛格丽特·撒切尔政策影响，大学扩张但投资并未增长，由此给大学带来的沉重影响）为背景，用政府的眼光及大学校长和大学中层管理者、授课者的观点，仔细看待大学、大学课程的管理，以试图恢复整个学术领地（指大学）的活力和地位。

纵观整个研究状况，高校课程管理研究十分薄弱，现有的文献材料仅集中于中小学课程管理，但这方面的研究也存在不少问题。整个研究领域的文章大都只限于作者的问题意识，按理论思维提出课程管理要解决的问题，不能形成较为完整的研究框架，讨论的问题也缺乏深度。表现在课程管理手段上，除单一的行政方式外，没有技术手段的研究。课程管理过程中目标的确定、内容的组织、课程的评价可依据一定的理论或规范进行管理还未被研究过，更别提产生研究成果。又如，课程管理体制的研究，虽然有些论述，但是对课程管理机构应设置哪些，机构之间的隶属关系怎样，以及与机构设置对应的权力归属问题，讨论笼统、模糊，未能形成指导意义。所见的材料大都局限在经验研究的层面，从静态的视角出发探讨具有动态过程特性的课程管理，就导致课程管理研究存在先天不足。我们认为课程管理体制研究是课程管理研究的关键所在。因为研究课程管理体制必然要研究课程管理机构设置、权力归属、人员配备；各机构如何对课程实施调控，使用何种手段，遵循什么样的规章制度去实现教育的目的，以课程管理体制的研究为我们研究课程管理提供了完整的实际框架。

高校课程管理体制是高校课程管理机构和课程管理规范的统一体，它是整个教育管理体制的一部分，包括课程的行政体制和高校内部管理体制。课程管理体制主要涉及的是课程行政和校内课程管理机构的设置、职责权限的划分及其制度。高校课程管理体制本身是静态的，它对具体课程管理活动的影响，通过课程管理机制来实现。课程管理机制指课程管理的各级机构、人员与课程的关系和运转方式。课程管理体制各部分的存在必然要求解决如何协调各个部分之间的关系和如何管理课程的问题，即机制问题。而协调各部分之间的关系是一种具体的运作方式，体现于课程管理活动之中。因此，为了更好地说明课程管理体制的运行，我们在课程管理体制的论述中，加入了课程管理活动的内容。

第二节 高校学生管理

21世纪是知识和信息的时代,我们面临的经济和政治环境已经发生了深刻变化。对于在校的大学生来说,他们是未来社会的知识精英和国家未来的栋梁,他们的素质如何,将直接关系到我国社会主义事业是否后继有人,关系到中华民族的伟大复兴。高等学校是培养和造就适应新世纪社会发展的合格人才的基地,其培养的目标是具有创新精神和实践能力的高级人才,科学、规范、创新的学生管理工作是实现这一目标的重要保证。学生管理工作是高校各项工作的主要组成部分,它体现着一个学校的校风、校貌,是一个学校管理水平高低的重要标志,而学校管理水平的高低已成为衡量学校综合水平和学生素质的一个标准。在当前全国范围内大规模扩大高校招生、高校后勤社会化改革、并轨后的"双选"就业政策等新形势下,高校学生管理工作出现了许多新情况、新问题。如何使学生管理工作科学化、制度化、法治化,培养出大批合格的人才,是当前学校管理研究的一个重要课题,也是公共管理学研究的重要内容。

学生管理工作是高校教育教学工作的重要组成部分。近年来,随着我国社会体制改革和高等教育改革的进一步深化,大学生的学习和生活环境发生了新的变化,高校学生管理工作也面临新的挑战。

当前,学生管理工作面临的问题有:管理体制改革相对滞后,管理方法陈旧,管理制度不健全。随着我国社会主义市场经济体制的逐步建立和完善,当代大学生成长的外部环境和内在因素发生了很大变化:教学管理制度的改革、收费制度的改革、高校后勤社会化、就业形势严峻等,都给学生管理工作带来了许多思想认识和教育观念方面的新问题;

互联网的负面效应也对高校学生管理工作提出了新的挑战。加强和改进高校学生管理工作的对策是：在明确管理目标的基础上，树立科学的管理理念。高校学生管理工作应变被动为主动，以人为本，强调学生的主体性，注重学生的主观特性，尊重学生的个性发展；坚持教育与管理相结合，强化学生自我管理。在此基础上，还应积极探索新的管理模式，完善学生管理体制，建立变分散为较集中的管理，变分散的"小而全"为集中的"精而专"，变间接管理为直接管理；健全学生管理制度，使高校管理科学化、法治化；积极运用管理进网络、管理进社团、管理进公寓等新手段，拓展学生管理工作空间，运用现代化的教育管理手段，使高校学生管理工作进一步科学化、制度化、规范化。

一、当代大学生的特点

近年来，随着我国社会改革和高等教育改革的进一步深化，大学生的学习和生活环境发生了新的变化，高校学生管理工作也面临新的挑战。大学生这个特殊群体的特点决定了学生管理工作的特点。

（一）思想认识多元化

改革开放以来，特别是现阶段社会转型时期，大学生成为社会上一个醒目而特殊的群体。作为学生管理工作的客体，大学生一般具有以下特征：一是思想具有社会性。大学生思想状态源于社会，紧跟时代步伐，社会上的一切重大情况、现象及其对青年的影响都会在大学生身上表现出来。二是认知具有能动性。大学生是最富有主观能动性和积极创造性的群体，他们在接受思想政治教育时往往从自己的主观出发，具有主动的选择意向，这也体现了他们独具个性的自我认知状态。三是身心的可变性。大学生是一群从生理到心理正在趋向成熟的群体，特别是在心理上、思想上，可塑性极大。在时代变迁、社会转型的宏观背景下，有理想、有追求是当代大学生的主体要求。通过大量的问卷调查和对座谈会记录的分析,可以肯定的是,当代大学生的主流是好的。他们中的绝大多数是热爱党、热爱社会主义的。他们有较高的思想素质和道德观念,有较强的责任感和使命感,其思想状况可以概括为以下几个方面。

1.爱国热情高涨,理想信念坚定。调查结果表明,总体上看,当前大学生的思想政治状况是积极、健康、向上的,主流是好的。令人欣喜的是,大学生保持了较高的爱国热情,能理性地看待国家改革、发展面临的机遇和困难,对保持稳定的政治局势和经济的可持续发展有信心。

2.健康积极看待人生,务实进取实现自我。调查结果表明,健康积极、务实进取是大学生人生观和价值观的主流。相比以往,今天的大学生更加注重自我价值的实现,并渴望能将对社会的贡献和个人价值的实现统一起来。

大学生健康积极的人生态度主要表现在绝大多数学生的基本价值判断上。比如,评价什么是"成功",在大学生的答案中排在前三位的分别是"对社会和集体贡献的大小""取得社会声望的高低"和"拥有精神财富的多少"。其中,近八成的大学生把对"社会和集体的贡献"放在了第一位;在人与人之间关系的问题上,大多数大学生反对"人与人之间只有永恒的利益,没有永恒的友谊"这一观点;针对"帮助别人往往会使自己吃亏"的观点,大多数大学生明确表示反对。

大学生务实进取,有着强烈的社会责任感和历史责任感。他们渴望施展才华,为国家和社会做出自己的贡献。在处理个人、集体、国家三者利益关系的问题上,大多数大学生认为"在关键时刻个人利益要服从国家和集体的利益"。这一点从大学生"最想说的一句话"中也可以看出,不少大学生写道:"为中华民族的崛起而学习","胸怀祖国,报效人民","努力学习,报效祖国"。对于社会公益活动,如献血和志愿者服务等,绝大多数大学生表示乐于参加。调查结果同时也表明,尽管大学生人生观、价值观的主流是健康向上，在价值判断上高度认同奉献精神、社会责任感、国家和集体的利益高于一切等，但在具体的价值选择上，部分大学生更加注重自我发展、自我实现，这使得大学生的人生观、价值观呈现出多样化的特征。

3.拥护高等教育改革，注重全面素质提高。随着我国高等教育改革的不断深入，改革的成果正在逐步显现出来。大学生作为这些改革措施最直接的受益者，自然成了高等教育改革的拥护者和促进者。与改革相伴而来的是竞争的加剧，就业的压力激发了大学生成功、成才的愿望和自觉性，使大学生更加注重自身素质的提高。

调查表明，大学生十分关注学校的建设和发展，对高等教育改革，特别是其中有利于自身发展、提升自己社会竞争力的改革高度认同。绝大多数大学生赞同全面推进素质教育、深化教学改革，对改革毕业生就业制度和鼓励大学生自主创业持肯定态度。大学生普遍反映，高校后勤社会化改革转变了高校后勤的社会服务意识和服务观念，使学校的学习、生活条件有了一定的改善。调查还显示，身处校园的大学生已深知社会激烈的竞争，他们渴望通过大学的学习来丰富和完善自己，占领就业上的制高点，赢得发展上的主动。相比以往，大学校园学习气氛更加浓厚，学风也有了明显好转。调查同时显示，虽然大学生对于高等教育改革的政策和措施总体上持拥护态度，但对涉及自身利益调整的有关改革举措则心态复杂。例如，对于"缴费上学"的看法，绝大多数大学生赞同完善和健全资助困难学生的政策，原因是近年来高校学费的调整和学习、生活费用的上涨，使大学生面临越来越大的经济压力，对改革的承受能力已接近极限。在大学生"感到最苦恼的事项"中，"上学费用高，经济困难"排在了比较突出的第三位。

高等教育改革的中心目标是培养高质量的人才，满足社会需求，进而促进社会的发展，而社会的发展又给大学生带来了施展才华的舞台和成才的机遇。因此，教育改革的目标与大学生的成才愿望根本上是一致的，这使大学生成了高等教育改革的积极拥护者。

对当代大学生静态观察比较乐观，动态分析则有一些问题值得忧虑。受社会和家庭环境等多方面的影响，大学生在智能结构、性格特征、心理品质和社会使命感等方面又存在与同龄人不同的表现。

二、高校学生管理面临的问题

高校作为培养人才的重要阵地，其培养的目标是具有创新精神和实践能力的高级人才。科学、规范的学生管理工作是实现这一目标的重要保证。学生管理工作是高校教育教学工作的重要组成部分，它对于全面贯彻党的教育方针，培养国家经济建设所需的"四有"大学生具有重要意义。当今，世界多极化、经济全球化、文化多元化的趋势日益增强。全球经济的竞争与合作、政治的分化与重组、文明的冲突与融合都不断发生变化，正确的与错误的、进步的与落后的思想、文化、观念和信息相互交织、相互影响、相互激荡。在这样复杂多变的世界大环境中，我国的改革开放也在不断深入，市场经济迅猛发展，促使全社会范围的经济成分、利益主体、社会组织、生活方式和就业形势等方面日趋多样化。这些新形势、新情况、新问题从不同的层面、不同的角度，并以不同的形式渗透到高等学校。随着我国高等教育事业的不断发展，高等教育体制改革日益推进，高校学生管理工作者要以邓小平理论和"三个代表"重要思想、科学发展观、习近平新时代中国特色社会主义思想为指导，教育、引导大学生适应市场对人才的需要，培养政治上坚定、有开拓创新精神、具有良好内在品质的合格人才。

（一）管理体制相对滞后

在不同的历史阶段，高校学生管理工作有着不同的外部环境和影响因素，学生管理工作因而呈现出不同的组织结构和体制特征。新中国成立后的17年，全国范围内基本通行的是"分散管理"的管理体制，在20世纪80年代初，部分高校开始出现20世纪90年代以来全国高校普遍施行的"专兼管理"的管理体制。

"专兼管理"是指学校设立了学生工作处和学生工作部。学生工作处（部）作为高校学生工作的最主要和最重要的管理部门，承担着几乎全部的学生事务及其管理工作。团委作为另一个重要部门，主要承担学生课外活动和校园文化活动的组织和管理，其他部门履行部分学生工作管理的职能。各高校出于加强学生思想政治工作和纪律管理的需要，同时因为学生事务的增加、学校管理部门的职能进一步分化等原因，都普遍设立了学生工作处。为了协调行政管理和思想教育两方面的工作，一些高校又在学生工作处的基础上设立了学生工作部。学工部作为党委部门，其职能是领导和协调学生思想政治工作。在此基础上，许多高校还成立了校党委和校行政领导下的学生工作委员会，学生工作处（部）作为其办事机构，承担高校学生管理工作的主要任务。

整个学校的学生管理工作要形成专兼结合、齐抓共管的局面。在校一级，党总支副书记对学生管理工作负领导责任，吸纳党总支办公室主任和团总支书记，成立学生工作领导小组，以指导和协调全校的学生工作。各班（年级）配备班（年级）主任或辅导员，加强日常的思想教育和管理工作。高校内部基本形成了分工明确、专兼结合、齐抓共管，校、系两级职责分明，条块结合的学生工作网络和运行机制。立体的机构及实施系统也就是我们前面所说的"分散管理"的管理体制。这一时期，学生管理工作的权限分散在学校许多部门，学生管理工作的职能由这些部门分别实施。在系一级，学生工作主要由系总支办公室负责，年级和班级设立辅导员。辅导员承担所有学生事务，他们"融党政于一体，集教育管理于一身"，充当起学校最为基层的学生工作者。这一时期，系一级组织具有较大的管理权限，学生工作的运行机制在较大程度上表现为"以块为主"。

20世纪80年代以来，随着市场经济的发展和完善，学生管理的内容与日俱增。市场经济的发展对高校学生管理产生了深刻影响。譬如，学生工作的部分管理职能正在向服务职能转化，大学生就业正在由计划分配向双向选择、自主择业转化，固定学制正在向弹性学制转化，经济困难学生的资助由原来的发放助学金、困难补助向助学贷款和勤工助学转化等。这一系列变化都需要有新的、完整的学生管理系统来保证实施，而这个系统的建立目前尚未完全形成。

（二）管理方法陈旧

高校学生管理仍然是依赖于正规的金字塔管理系统的行政命令式管理，管理具体工作基本上是向下传达精神、向上汇报工作。

现有的管理模式忽视了大学生的自我教育和自我管理能力的培养。除了少数学生干部有机会锻炼组织管理能力外，绝大多数学生都没有培养和锻炼组织管理能力的机会。即使这少数的学生干部，也只是学会了一些组织实施中的监督控制能力。同时，现在的高校学生工作没有紧紧围绕培养人这个中心，只是为了管理而活动。仅有的大学生自我管理往往是自发的，水平不高，效果也不是很好。没有充分发掘学生的潜能来实现自我管理，以达到既培养学生的综合创新素质，又减轻工作人员负担的效果。

（三）管理制度不健全

我国教育改革与发展已进入前所未有的攻坚阶段，而高校作为最基本的教育主体则承担着教育发展和不断创新的重任。实现高校学生工作管理模式的科学化、规范化、法制化，已成为亟待解决的问题。当前我国高校管理制度仍不健全、不完善，各高校有关学生管理方面的规定林林总总、各具特色，但总的特征是抽象、笼统、粗糙的。有的高校的一些处罚性条款，尤其是对学生处以勒令退学或开除处分的规定，往往本身就不合法。随着依法治国步伐的加快，在校学生权利意识、法律意识增强，这些都对原有的学生管理理念、制度和方法产生了冲击，对高校原有的管理体制提出了挑战。要改变这种被动的局面，赢得主动，必须依法治校，学生管理必须实现民主化法制化。

第三节 高校课程考试管理

课程考试是高等教育教学过程中的一个重要环节，是评价教学得失和教学工作信息反馈的一种手段，也是稳定教学秩序、保证教学质量的重要途径之一。因此，如何搞好高校课程考试管理，使之科学化、规范化、合理化，是高校教学管理工作的一项重要内容。

一、高校课程考试管理概述

考试的概念有广义和狭义之分。本书中的"考试"是狭义的考试，即由主试者根据一定的社会要求，在一定的场所，采取一定的方式方法，选择适当的内容，对应试者的德、学、才、识、体等诸方面或某方面所进行的有组织、有目的测试或甄别活动。因其性质、目的、内容、方法、手段的不同，考试可分为众多类型，如根据目的的不同，考试可以分为配置性考试、形成性考试、总结性考试和选拔性考试，课程考试就包含了其中的形成性考试和总结性考试。形成性考试是在教学过程中进行的各种测试，主要目的是了解教学效果，及时发现教学过程中存在的问题，以便改进，并为平时成绩的评定提供依据。总结性考试是在课程结束后进行的，主要目的是督促学生全面系统地复习，并对学生的学习效果和教师的教学效果做出评价。

高校课程考试是指高校内部根据课程教学目标的要求和高校教育目标的具体规定，自行主持实施的考试活动，包括平时测评和学期考试。其基本任务是检测学生的学习成绩，督促学生学习，发现教学中存在的问题。其目的在于掌握高校的教学情况，改进教学和督促高校教育目标的实现。其功能可归结为下述五种：第一，检查测评功能，即检查和评定学生对课程大纲所规定的基本知识、基本原理的掌握程度。考评和检测学生运用所学的基础理论在实践过程中分析问题、解决问题的能力、创造力和潜力。第二，导向功能，即"指挥棒"作用。通过对考试内容、考试形式的合理安排，引导学生的学习，使学生达到预定的培养目标；通过严密的考试规程以及考试结果的客观评价、公正使用，能培养受教育者务实求真、遵规守纪、崇尚科学的习惯，增强行为主体的责任感、公德意识。第三，激励功能。考试作为一种检查学生学习效果的手段有着反馈作用，而反馈结果又对学生起着激励作用。考试结果可以反映学生的知识掌握程度和能力发展情况，以及所存在的问题。此外，考试作为一种检查教学成果的手段，对教师有着激励作用。考试结果反映了学生的学习情况，而学习情况又反映了教师的教学投入、教学内容、教学方法和总体教学水平，教师可通过考试结果总结发现薄弱环节。第四，鉴定功能。教育管理部门在对考试结果的分析、认可后，依据有关规定对学生、教师和教学管理人员进行鉴别，以区别优劣，进行奖惩。第五，系统整合功能。由于学生平时学习节奏较慢，章节之间难以做到全面领会，而考试来临之际，学生已完整地学过一门课程的理论，他们可以将所学的基本知识和基本技能进行系统、全面地归纳、整理，进一步将所学的各部分内容有机地联系起来，以达到融会贯通的目的。学生的归纳综合能力、思维能力、创造能力和自悟能力在这一过程中可以得到全面系统的综合发展。考试功效的实现是需要一定条件的，离开了一定的条件，考试功效非但不能实现，甚至会严重扭曲。那么，这一定的条件是什么呢？它就是量尺标准、实施规范、结果真实和使用公正，其中任何一方面出现偏差，都将影响考试功效的正常发挥。而这些条件的创设，就必须依靠严密科学的考试管理。

二、高校课程考试管理的构建

（一）高校课程考试应遵循的基本原则

课程考试是教学过程中十分重要的环节，它不仅要完成对学生在经历一个教学过程后学习情况的评价任务，而且还要检查教师的教学效果与水平，诊断教学中存在的问题，反馈教与学过程中的各种信息，进而发挥促进教学改革的作用。

它所特有的检查测评、导向、激励、鉴定和系统整合五大功能是其他教学环节所不能替代的。高校课程考试必须适应社会发展的需要，必须适应被考者的身心发展水平，必须有利于促进和客观评价学生综合运用所学知识解决实际问题的能力，必须有利于提高教师教学水平，以保证不断提高人才培养的质量。考试原则是从事考试活动、处理各种考试问题、规范考试行为所必须遵循的基本原则。美国高等教育学会对高校考试设定了以下九条原则：一是考试应以教育价值为出发点；二是考试的成效体现在如何尽可能地把学习的多维性、综合性和实用性反映出来；三是考试要关注结果，但同时也要关注导致结果的过程；四是考试只有在其力求改进的项目上有清晰、明确的目的时才能最好地发挥作用；五是考试只有在持续而一贯的体系下才能最好地发挥作用；六是考试只有在来自教育界人士广泛参与的情况下才能获得更广泛实质的改进效果；

七是考试只有以人们真正关心的问题或需要为出发点并阐明问题才有作用;八是当考试成为促进教育改革大环境下的组成要件时,它可能引发教育变革;九是通过考试,教育者向学生和公众尽责。笔者认为,这"九条原则"的基本精神之于我国高校的课程考试也是适用的。

课程考试管理是一项基本的教学管理,是保证考试的公正性与客观性,正确发挥考试功效,促进教学工作的关键环节之一。考试管理质量直接关系到教风、学风的建设和教学质量的提高,是衡量学校办学水平、管理水平的重要标志。加强高校课程考试管理应遵循以下原则。

1.方向性原则。考试管理是管理者根据既定考试目标要求,运用适当的程序、方法、手段及行为规范,合理调配人、财、物、信息等资源,对考试活动实行有效控制,以实现共同目标的一种社会活动过程。考试管理既因一定管理目标的需求而启动,又以实现预定目标为归宿,其管理过程的产生与形成均以一定的管理目标为先决条件,而目标本身总要体现为一定的方向;目标的正确与否要以所引导的方向是否正确作为衡量的标准。因此,科学的考试管理必须坚持方向性原则。

2.科学性原则。科学性原则是指运用现代管理理论、教育测量与评价理论、教育管理理论、心理学理论等作为充分的科学依据,使考试管理活动具有可靠性、可信度,并采用科学的考试管理方法、成熟的管理经验,使考试管理活动行之有效,以利于实现预期的管理目标。

3.公正原则。考试管理公正与否,关系到考试的权威性,反映的是校风、考风的建设程度,而且考试直接关系到被试者的切身利益,直接影响被试者的心理,影响着个体对社会的态度。因此,我们要积极地创造条件使考试尽量接近公正。

4.系统原则。系统是指由相互联系、相互作用的若干组成部分构成的有机整体。这个整体具有其各个组成部分所没有的新的性质和功能,并和一定的环境发生交互作用。考试管理是一项系统工程,它包括教学管理工作、思想政治工作、后勤保障工作等方面，涉及教学系部、学生处、党团组织、总务、保卫等部门。教学管理部门要妥善安排，使考试工作井然有序地进行。

（二）高校课程考试管理运行条件的探讨

考试管理，其目的在于维护考试的标准规范，维持考试实际运作与计划方案相一致，使考试沿着预先设定的轨道运行，同时对不切实际的计划予以及时调整，纠正运行过程中出现的偏差，矫正反馈信息中不确切的数据或结论，保证考试结果的真实性，并从中分析成功与失败的原因，探明修正的途径，通过反馈给新的考试运行提供理论及实践的依据。将考试目的从观念形态转化为现实形态，高校课程考试管理的正常运转应具备以下条件。

1.健全的考试组织机构。若无健全的考试组织机构，自然也就谈不上深入开展考试实践中相关问题的研究。要不断更新、完善考试理论，用以指导新的考试实践，进而强化考试主动适应社会发展需求的能力，使之正确发挥功能。考试组织是考试队伍的依附体，考试组织不健全，就不可能形成稳定的专业考试队伍，整个考试的设计、实施与管理必然是临时拼凑的，量尺标准、实施规范、结果真实的考试目标就难以企及。

2.素质优良的考试管理队伍。一切先进的控制技术设备，各类考试行为规范，各项工作标准都有赖于高素质的控制者通过对人的有效控制才能充分发挥其作用，进而给考试运行以积极的影响。培养和造就一支高素质的考试管理队伍是保证考试质量、提高考试效率和效益的需要。参考考试管理系统的运行环节，考试管理队伍可以划分为考试行政队伍、考试业务队伍、考试科研队伍三类。

考试行政队伍是考试队伍中常规性的人员配置组合，它包括学校、职能部门、教学单位的领导者和一般行政工作人员。考试行政队伍的职责是负责考试管理机构各项职能活动的顺利进行和考试管理目的的有效实现。

如果说考试行政队伍的建设是源自加强考试活动外部组织管理的要求，那么，考试业务队伍的建设则是出自考试流程内部运行的要求。考试活动是一个动态的运行过程，其流程要经过命题、实测、评卷等依次相连的环节，各个环节都事关考试的质量。以命题队伍为例，倘若命题人员不能把人才评价标准准确体现于测试内容和目标中，作为测试工具的试卷就失去了效用，考试活动的效果、价值也就无从谈起。

考试科研队伍是伴随着现代考试改革和发展的深入，而日益显示重要性的一支必不可少的考试队伍。其职责是结合高校教育教学实际，重点研究课程考试的理论与实践问题，从而为学校的考试活动提供理论指导。高校课程考试时间的非经常性，决定了考试管理队伍的非专职性，也就是说，他们基本上都是兼职考管人员。应该特别指出的是，为了保证课程考试质量的不断提高，非专职性的考管队伍应该具有专业性的水平。

3.健全的考试规范、严密的考试程序和科学的考试控制标准。它们是实行考试控制的依据和准则，是引导考试运行方向、防止考试运行偏离预定轨道的保障措施。同时，它们也是维护考试权威性、公正性的必要条件。所谓考试规范，即考试运行的规程和参与考试活动各类人员的行为准则。它是控制考试运行的直接依据，一般包括考务规程、命题细则、监考守则、考场规则、评卷实施细则、考试信息管理规定、保密规定、违纪处罚规定等。严密的考试程序是指从考试命题、实施到评价、分析、反馈、考场编排、各类工作人员配置等各个环节都要严格要求，注重考试的整个过程。科学的考试控制标准包含时间标准，如命题制卷、考场设置、实测、阅卷评分、考试结果分析处理等的起止时限要求；数量标准，如考点设置、考场编排、试卷长度和满分值、试卷印制与分装、施测环节各类工作人员配备、阅卷人员及所需设备配置的数量规定等；质量标准，如考号及考场编排的科学性，考点、考场设置的规范性，各类人员配置的合理性，实测控制的严密性，试题编审和试卷印制的合格率，试卷分装的标准性，评分、计分、登分、核分的准确率或差错率，以及考试成绩的可靠性、有效性和公正性。

三、高校课程考试管理改革的对策

高校课程考试管理是一个由多因素组成的相互制约、相互促进的封闭的动态系统。因此，改革高校课程考试管理应该坚持系统论的观点和方法。

（一）推进考试观念的深层次转变

思想观念是行动的先导，"欲革新，先革心"。正如阿历克谢·英格尔斯先生所讲："如果一个国家的人民缺乏一种能够赋予这些制度以真实生命力的广泛现代心理基础，如果执行这些制度的人自身还没有从心理、思想、态度和行为上都经历一个向现代化的转变，那么失败和畸形是不可避免的。"由此可见，转变高校领导、教师、管理人员乃至学生关于课程考试的观念，是推进高校课程考试改革的前提和基础。关于考试观念的转变，必须解决以下三个问题。首先，必须正确认识考试在人才培养中的作用与地位。其次，到目前为止，高校从领导到教师再到一般教管人员，不是没有或基本没有认识到其重要性，即便对此有所认识，但在实际工作中并未重视其作用的发挥，或基本没有研究过如何去发挥这种作用。

关于这个问题，考试学的创始人，已故的廖平胜先生在他生前的论文中已有科学详尽的论述。这里首先要强调的是，高校领导、教师和教管人员不仅在口头上，还要在思想上真正承认考试是一门科学，要真正弄清、弄懂这门科学。因为唯有了解、掌握了考试的理论、运行规律、方法与技术，才有可能在课程考试中正确、有效地运用这门科学。再次，必须正确认识考试管理是一项关系考试成败、人才培养质量的系统工程。考试活动是一门科学，考试管理活动是考试活动的重要组成部分。因此，考试管理理所当然也是一门科学。考试管理不仅是一门科学，也是一项系统工程。对于高校领导、教师和教管人员来说：一是要真正认识到考试管理是一门科学、是一项关系考试成败、人才培养质量的系统工程；二是要学习、掌握这门科学，了解、熟悉这一系统工程的特点、运行规律和控制理论与方法等。唯有如此，才能够确保课程考试组织实施的科学有效性。

（二）建立考试中心，完善考试管理规章制度

考试管理要系统化、规范化，首先必须建立健全考试管理机构。考试是一项系统工程，为保证考试的顺利进行，提高考务人员的业务水平和考试管理质量，高校应该成立考试中心，统一管理高校课程考试。作为高校考试的综合管理机构，考试中心的职责与任务包括以下几点。

1.统一规划、组织和实施高校的课程考试。传统课程考试的模式是高校制定统一的要求，各教学单位自行命题、制卷、实测、评卷、登分，有的高校有总结评估的环节，有的高校没有。课程考试事关人才培养质量，又是一项科学性、技术性很强的系统工程，应该由学校即考试中心统一规划、组织和实施。

2.建立、完善课程考试管理规章制度并坚持严格实施。课程考试的主要目的或功能是育人，是有利于人才的培养和成长。为了实现这种功能，达到这种目的，课程考试及管理就必须科学严密。课程考试又是一项科学性、技术性很强的系统工程，故对其管理必须有一整套科学、合理、严密的规章制度，并在课程考试中坚持严格实施。

3.针对学校课程考试的实际和需要，开展课程考试的评估与研究。对实施的课程考试组织分析、评估和根据需要开展针对性研究，一直是

高校重视不够的薄弱环节，而这又是一项提高课程考试质量，进而有利于促进人才培养质量提高的重要工作，所以，这将是考试中心的一项十分重要的任务。

4.承担考试管理方面的人员培训。课程考试的监考人员一般是临时和兼职的，对其进行培训是必需的。比如，组织他们学习《监考须知》《学生考试行为规范》以及《考试违规处罚条例》中的各项规定，要求他们以高度的责任心和严肃认真的态度对待每一场考试。

（三）培养和建设高素质的考试管理队伍

精干的考试管理队伍，是有效发挥考试管理功能的基本条件之一。严明的法纪可以使考试管理从制度上得到保障，健全的机构可以从组织方面保证考试管理功能的正常发挥，但如果没有一支精干的考试管理队伍，无论多么严明的法纪、多么健全的机构，都很难产生实效。课程考试属校内考试，与社会考试相比，其规模较小，只是学校工作中的一项，且时间上是间断的。然而，这一切并不意味着课程考试管理就不需要高素质的管理队伍。所以，高校应重视课程考试管理队伍的建设。考试管理队伍包括：一是科研队伍。考试实践证明，没有科学的考试理论做指导，就不会有成功的考试实践。尤其是现代的考试管理，更需要科学地管理理论、方法、技术和手段。只有在考试管理实践的过程中，有重点、有针对性地开展考试及考试管理方面理论、技术、方法等的研究，才能使考试工作决策符合科学化的要求，从而发挥考试应有的功能，促进学校发展。二是行政队伍。考试行政队伍直接关系到考试管理机构各项职能活动的顺利进行和考试管理目的的有效实现，对提高考试管理工作质量具有重要意义。三是业务队伍。考试业务队伍是为了适应考试流程的运转而出现的，随着各个环节职能的实现，相应的业务队伍也就暂时失去作用。它包括命题队伍、实测队伍、评卷队伍及评价、监督队伍。

兼职性、非常设性和专业性应该是高校课程考试管理队伍的基本特征，也应该是高校抓这支队伍建设过程中应遵循的基本原则。所谓兼职性和非常设性是指课程考试管理队伍的组成人员不可能是专职的（学校考试中心的人员例外，这一部分人员只占整个队伍很小的比例），他们平时可能工作于校机关、教学单位或学校的其他单位，只是在学校组织课程考试时才成为考试管理人员。所谓专业性是指这支队伍的成员应该具有专业化的水平，即他们中的绝大多数人虽然不是以考试管理为职业，但他们都应该了解、熟悉自己在考试管理中所从事的那一项工作所必须了解和熟悉的理论、技术等专门知识技能，并具有做好这项工作的较强的能力。没有职责就无所谓管理，高校对这支特殊队伍的管理也应同其他队伍的管理一样，分工明确、职责明确、考核明确、奖惩明确。

第四节 高校行政管理

高校行政管理体制改革是目前高校改革的重点和难点所在。高等学校的行政体制改革，不仅是教育行政体制的改革，更是大学内部的行政体制的变革。虽然我国在高校行政管理体制改革中进行了不断的探索和实践，但由于我国的具体国情和一些体制性原因，使得改革多处于系统改革不够、局部推进的阶段，产生了不少问题。同时也影响了高等教育改革的整体效果，并在一定程度上阻碍了改革的进程，增大了改革的成本。

历史赋予高等教育的重要使命，社会大环境对高等院校的影响以及客观存在的问题，都对高等院校行政管理体制改革提出了迫切要求。政府和高等院校必须深入分析高校现存问题，找准原因，积极探寻解决办法，要在转变政府管理职能、扩大高校办学自主权、加强宏观调控、改革管理手段和方式等方面下功夫。高校自身也要积极转变观念，破除"官本位"，改革官僚化，倡导学术，还权学术，及时调整转换管理职能，加快人事分配制度改革、社会保障制度改革，积极引入市场管理理念和机制，提高办学效率和效益，从而促进高等院校整体改革的深入开展。

一、高等院校行政管理体制改革的研究

当前，国际竞争主要体现为综合国力的竞争，特别表现为人才的竞争。高等教育作为培养和造就高素质人才的核心阵地，受到世界各国的普遍重视和大力扶持。不论是发达国家还是发展中国家都把高等教育作为本国发展战略的重要内容，这已经成为一条普遍的经验。目前，我国正致力于建设惠及数以亿计人口的全面建成小康社会。纵观外部环境和内在条件，对于我国这样一个人口大国，如何把我国众多人口的压力变成建设全面建成小康社会的人力资源优势，并实现人力资源向人才资本的转变，为国家培养千百万人才，并全面提高国民素质，作为中国高等教育重要承载的高等院校，在21世纪被时代寄予了更高的期望，同时也面临着更为严峻的挑战和更为难得的发展机遇。

为迎接这一挑战，近十年，我国高校在教育体制上进行了不断的探索和实践。先后在教学体制、招生就业体制、办学体制、行政管理体制等方面进行了大刀阔斧的改革和调整，基本理顺了体制关系，调动和发展了高校的办学积极性，办学效益初步得到实现，高等院校在社会经济发展中占据了越来越重要的地位。高等院校行政管理体制作为高等教育体制的核心和关键，在高等教育体制改革中具有特殊的、不可替代的重要作用，在21世纪高等教育的历史使命中扮演着极为重要的角色。高等院校要完成时代赋予的历史任务，就必须在大力加强教学科研工作的同

时，努力建设一套科学、有效的管理制度和一支高素质的管理队伍，为教学科研和社会服务工作铺路搭桥，保驾护航。这些年，虽然在高校行政管理体制方面先后出台并实施了落实办学自主权、高校合并、后勤社会化改革、高校人事制度改革、"211工程"和"985工程"建设等举措，促进了高等学校的发展和进步。但由于以前较为僵化的管理模式依旧存在，改革多为局部改革，缺乏整体推进，有些改革不够深入，使得改革的整体效益得不到较好的体现，严重束缚了高等院校的改革和发展。

目前，对高等院校行政管理体制改革的研究比较多，如对办学自主权的研究，对高校合并的研究，对领导体制的研究，对办学体制的研究，对人事改革的研究等。但是，这些研究大多是对高等院校行政管理的某个方面或局部的研究，对行政管理体制的系统性研究不够。已有的研究也多以对策研究为主，缺乏对一些较深层次原因的深入研究。笔者认为，高等院校行政管理体制改革是一项系统工程，需要进行全面、深入的分析，并进行系统的、科学的改革，才能产生改革的整体效益。对此问题的深入探讨和不断完善，有助于中国高校的发展和完善，有助于中国高等教育水平的整体提高，有助于中国新世纪宏伟目标的实现。它需要众多专家学者进行及时的理论分析、总结和理论构建，需要政府和学校管理层对此问题高度重视，转变观念和思路，积极实践。但与此同时，在中国特殊的国情面前，其历史积淀的"人治"传统、"官本位"观念对于中国高校管理体制的改革具有不可忽视的影响。要实现我国已经明确的21世纪高校的改革发展目标，将是一个长期的、艰巨的历史过程。进行中国高等院校的管理体制改革，必须把问题放到既定的客观环境中，即抓住事物的主要矛盾和矛盾的主要方面。它需要更多的人对此进行更为自觉、更加深入的理论研究和实践探索，深入探寻现代高等教育发展的普遍规律，进一步为高等学校的管理体制改革提供科学有效的理论指导。

二、我国高校行政管理体制改革的依据

以发展为主题,以结构调整为主线,以政府部门放权和管理体制创新为动力,以提高办学质量为出发点,是这一时期高等教育改革的主要特征。高等教育体制和运行机制正从适应计划经济转变为适应市场经济;资源配置正从政府主导型的计划配置转变为政府宏观指导下的发挥市场调节作用,教育政策越来越体现公平与效率的统一;人才培养规格和模式日益多样化;教育在促进思想道德观念的更新,促进社会进步方面作用越来越大。建立现代大学制度是当前高等教育深化改革的必然要求,也是内部改革的外在动因。

随着高教改革重心的逐步下移,高等学校本身在改革中的地位和意义已经越来越重要。发达国家的历史经验也表明,教育的改革必定经历一个从系统的、宏观的层面转向学校层面的过程。这种转向是高等教育本身的使命和功能决定的,因为人的培养毕竟是由学校承担的。随着高校办学自主权的落实,高校的办学规模和办学内容普遍在扩大,内部管理活动的独立性和重要性也日益显现。比如,学校的发展计划和目标的制定与落实;学校财政和资源的自主筹措、运作与分配;办学质量的控制;体制的创新与发展;公共关系的开拓与发展;教职员工与学生的沟通;在围绕办学工作的管理与服务等重大问题上,高校的权力越来越大。革除高校内部的种种不适应症,建立起具有自我发展、自我约束、精简高效的内部运行机制是建立现代大学制度的微观基础,也是内部管理体制改革的目标。这是来自高校内部的直接动因。

大学作为学术性的文化机构,具有组织的一般特点,又在管理制度和管理模式上有其鲜明而复杂的特征。由于学术活动的"自然模糊性"特点,使得大学的组织目标很难规定得具体明确,大学也很难像一般社会组织一样严格实施理性管理原则,如利用科层化和科学管理来设置机

构、划分权限和进行明确清晰的职责分工，去实现效率的最大化。这种模糊特征决定了大学的管理是追求建立有效率的、灵活的、创新型的管理制度和运行机制。这种模糊特征也表明，做好大学的管理工作是有相当难度的。作为规模庞大、职能众多的知识型组织，大学的事务正变得越来越复杂。现代信息技术的发展又极大地改变了学校管理的职能和模式，大学的管理职能已经由"传统性学术田园的守望者"转变为"创新性企业型大学的开拓者"，管理在大学的生存与发展中显得越来越重要。加强管理，向管理要效率、要质量、要效益是高校生存发展的根本大计。

三、我国高校行政改革的主要思路、对策和建议

加速推进和全面深化高校管理体制改革，这既是当前我们所面临的一项十分重要和紧迫的任务，又是一项异常复杂和艰巨的系统工程。我国现行的高校管理体制与我们所设计和选择的改革目标模式之间，还存在着相当大的差距，深化我国高校管理体制改革的目的在于，更好地适应正在不断变革中的社会经济环境。同时，也只有不断地改变各种相关的社会经济条件和环境，才能进一步深化高校管理体制改革。就当前我国各项改革的实际进程和状况来看，在实现新、旧体制转轨、转型的过程中，我们依然面临着一系列的改革难题和障碍。只有排除这些改革障碍，解决这些难题，才能实现既定的改革目标。

（一）进一步解放思想，转变观念，这是继续推进和深化我国高校管理体制改革的先决条件

在计划经济体制条件下，人们已经形成了一整套与传统事业单位管理体制相适应的传统事业观念。例如，长期以来，科学、教育、文化、卫生、体育等社会活动被视为"事业"。凡是"事业"就应由国家包办，凡是事业人员均为"国家干部"；"事业"属于上层建筑领域，属于非生

产性活动，不创造价值；"事业"单位所提供的各种产品和服务，均属社会公益性和福利性的公共产品，不能实现产业化与市场化，如此等等。这些观念既是形成传统事业单位管理体制的理论基础，又是其现实的反映。改革开放以来，人们的传统思想逐步得到一定程度的解放，传统观念有所转变，但从深层次上看，在我国现行的"事业"领域里依然存在着许多改革的禁区或误区。其根源就在于人们思想认识上依然存在许多禁区或误区，不改变这些落后的观念，改革就会寸步难行。为了推动思想解放，促进观念转变，统一思想认识，明确改革目标，尽量减少改革的阻力和改革的成本，我们必须大力加强高校管理体制改革方面的理论研究，认真总结前期改革的经验，积极开展学术交流和理论宣传，创造良好的改革环境和条件。与此同时，我们还要转变旧观念，树立高等教育管理社会化的思想。长期以来，有关部门一直坚持高等教育管理就是行政管理，高等教育管理体制就是"行政体制"或"属于行政体制"的观点。迄今为止的教育管理体制改革并没能解决影响我国教育发展的深层次问题。因此，在教育管理体制改革的过程中，必须从理论上打破传统观念，树立"高等教育管理社会化"的思想，推进管理主体社会化，实现管理效能社会化，从而促进我国高等教育与社会政治、经济的改革发展相适应，以实现高等教育管理体制改革的最终目标。

（二）建立政府宏观管理、学校面向社会依法自主办学的管理体制

随着政治和科技体制的发展变化，针对高等教育事业发展的实际需求，彻底理顺政府与高等学校、中央与地方、中央教育主管部门与中央其他业务主管部门之间的关系，逐步建立起举办者、管理者和办学者职责分明，中央与省级政府分级管理、分工负责并且以地方为主，条块关系有机结合，学校面向社会依法自主办学的高等教育管理新体制。

（三）目前的高等教育管理体制表现为政府在教育管理中行政干预过多，学校自主权很小，已不能适应市场经济的要求

因此，转变政府职能和放权便成为我国教育管理体制改革的一条主线。长期以来，我们处于政府主导型的社会，这在高等教育方面表现得尤为突出。由于高校绝大多数为国家主办，因而形成了"既然是国家掏钱办校，政府就要直接管理，如果不管，就是没有尽到责任"的观念。政府很难从事务性管理中退出来，高校也就谈不上自主办学。政府对高等学校的管理是高等学校发展的根本保证。这里讨论的不是对高等学校管不管的问题，而是如何管，管到什么程度的问题。社会越进步，高等学校越发展，政府对高等学校的法令法规也就越多，这是一对矛盾。要解决这一矛盾，政府就要对高等教育进行必要的、适当的和合理的管理，具体来讲就是，由直接管理转为间接管理，由硬性管理转为软性管理，只有这样才能使高校办学自主权得到真正的实现。在政府对高等学校的宏观管理中，政府应代表最广大人民群众的根本利益，根据社会发展趋势对高校提出教育要求，但不直接管理和控制高校内部的运行环节与过程，不干预高校内部的日常事务，不在学术领域里使用行政命令。政府职能主要体现在对高等学校系统的宏观管理，体现在把握高等教育事业的方向和质量标准等方面。概括而言，政府对高校的管理应主要体现在对教育的规划和立法、教育经费的管理与控制、教育的评估与监督这三个方面。当前，我国在高校办学自主权和大学内部管理科学化方面存在许多问题，如在办学自主权方面，存在权力下放得不够、不彻底，下放权力的转移，自主权的约束等问题，直接影响学校管理的科学化。综合来看，最大的问题就是两者未能很好地协调与配合，未能做到交相辉映、相得益彰。针对这个问题，笔者认为，当前要处理好高校办学自主权与大学内部管理科学化的关系，实现两者的同步完成，高等学校应当从观

念上不但要"扩权",而且也要"用权",两者必须统一。首先,作为政府主管部门,要改变大一统的管理观念,适应时代变化对大学提出新的要求,真正下放权力,使高校拥有真正的办学自主权,变过去的具体管理为必要的宏观管理。值得注意的是,在权力的下放过程中,不仅要讲究力度,而且要讲究速度。在现实当中,由于政府不愿放权或者有害怕一放就乱的顾虑,因而行动迟缓,影响了高校的发展。此外,比较特殊的是,对于划转、共建共管和权力下放到省级主管的高校,权力要切实下放,防止权力被转移。对于滥用自主权和权力一放就乱的高校,可以通过评估等监控机制,及时采取措施,予以纠正。其次,作为高等学校,也必须改变过去那种坐等上级指示和命令的无所作为的管理观念,要意识到办学自主权不仅是大学应有的权力,同时也是大学健康发展的原动力。对于政府所下放的自主权,高校应主动迎接,并根据学校自身的特色运用到高校的管理当中,从而推进管理的科学化进程,让自主权适得其所,发挥出最大的功效。按照新的管理体制,高等学校应该是独立办学的法人实体,拥有依法充分行使自主办学的权力。具体来说,高校可以根据国家颁发的有关法律、法规,依据国家确定的专业目录制定招生计划和落实本校的录取标准、培养规格和基本学制、学位和职称颁发评定标准。高等学校在专业设置、招生、指导毕业生就业、组织教育教学活动、开展科学研究与技术开发、筹措和配置及使用经费、机构设置与人事安排、职称评定与工资分配、对外交流等方面拥有充分的自主权。学校要努力形成主动适应国家经济建设和社会发展需要的自我激励、自我发展、自我约束的运行机制。

(四)政府应转换高等教育的管理职能,理顺条块关系

在新的体制下,政府不仅要向学校下放高等教育管理的很多权限,并且其管理的职能也发生了根本性的转换。要从过去主要的直接行政管

理转变为更加重视运用规划、法律、经济、评估、信息服务等途径实现宏观管理,从过去具体的办学过程与日常事务管理转向宏观的办学目标与发展方向管理,从过去单一依靠政府行政职能部门管理转换到日益重视发挥社会学术组织、研究机构和民间团体等中介组织的管理作用。新体制的基本框架是中央与省级政府两级管理、分工负责,并且根据区域经济迅猛发展的实际,进一步扩大或强化省级政府管理、发展高等教育的职责与权限。中央政府的职责主要是制定国民高等教育事业的宏观规划、基本政策与质量标准,组织高等教育办学方向与质量效益的检查评估,为高等教育改革发展提供综合的信息服务,直接管理一部分关系国家经济建设和社会发展全局或者地方政府不便管理的重点大学。在中央宏观指导下,省级政府对所属区域的高等教育在制定发展规划、开发配置资源、组织检查评估,以及新设专科及高等职业学校的审批等方面拥有管理决策权。

(五)完善高等教育法制,为高校自主权的扩大和大学内部管理科学化提供保障

要实现高校办学自主权的扩大和内部管理科学化,必须有强有力的法律法规作为保障。现行的《教育法》和《高等教育法》以及其他相关的法规、法令虽然对高校的办学自主权和学校的管理做出了一些规定,但还不够完善,对于规范政府、高校、社会的职责、权利、义务和行为等具体方面,还有待于现行法律的进一步完善以及其他相关法律的出台。经过多年的改革,我国高等教育中央与地方政府的分级管理以及条块结合的体制已经初步建立。面对新的形势,政府如何加强宏观管理,涉及政府职能和管理方式的转变,这是教育体制创新的关键,有待于继续探索和创新。归结起来,调整政府与高校的关系必须解决好三个问题:如何面向市场、依法办学和民主管理。加强教育法制建设、依法治教,既是中国教育现代化的历史选择,也是"入世"对中国教育的必然要求。

但是，我国的教育立法工作还处在架构体系、完善法规的阶段。第三次全国教育工作会议特别强调，要按照《中华人民共和国高等教育法》的规定落实和扩大高校办学自主权，增强学校适应当地经济和社会发展的活力。"高等教育办学自主权"这个中国高校改革和发展的关键问题，不仅要有较为明确的法规、条例支持的宏观外部条件，也要有高校内部改革、自我约束的微观内在机制。否则，"高等教育办学自主权"的问题又会回到传统计划经济体制下"一放就乱，一收就死"的局面。因此，我们必须将整个教育系统建立在法制的基础上，用法律来维护各管理主体的社会地位，划分各自的权限，明确各自的义务和责任，并真正做到"有法必依、执法必严"，只有这样才能保证高等教育高效有序地运行。

第三章
新时代高校教育管理模式创新的理念

第一节　融入开放性的思想

我国现阶段的高等教育已经从原来的精英教育迅速转化为大众化教育，受教育者的求学情况、知识基础与以往相比发生了很大改变。政治辅导员和班主任在教学中要融入开放性的思想，指导学生正确面对竞争，面对择业，面对压力，引导学生规划人生，培养学生有宽广的胸怀和健全的人格，努力把德育渗透到学生成才、就业的全过程，要主动管理育人，提高工作效率和工作水平，创造更好的育人环境和氛围。

一、建立优秀的管理团队和制度

如何适应时代的要求，培养社会需要的人才，是从事学生管理工作者的永恒话题，同时对从事学生管理的领导干部提出了更高要求，必须加强队伍建设。学校高层领导应提高对学生管理工作重要性的认识，从员工队伍中挑选一批思想素质高、工作能力强、具有一定学生管理工作经验的工作人员担任学校学生教育管理的领导工作，经常性地组织并开展对各分校、教学点学生管理领导干部的专业培训，邀请较高水平的专家讲座，全面提升学生管理干部的素质。通过各种方式组织开展校与校之间学生管理工作的交流，请学生管理工作突出的管理人士讲解、传授管理经验，并通过讨论交流，达到共同提高、共同进步。以校本部为载体开辟全校性学生管理工作专项窗口，广泛讨论发表管理体会，创建全校性学生管理专刊，组织系统内投稿，把学生管理工作真正落到实处。

学校应建立导学教师引进、培训、考核、交流的整套制度。完善引进程序，严把入口关，力争把有能力、责任心强的导学老师引进来。建立严格的导学教师培训、考核制度。导学老师应对以现代计算机网络为主的多媒体现代远程教育技术有较深的掌握，能熟练运用计算机网络等媒体技术获取教学资源，并能配合辅导教师进行教学资源的整合，组织和指导学员开展网上答疑、BBS讨论、双向视频等网上教学活动，利用QQ、E-mail等与学员进行日常沟通。完善导学老师的流动计划，打破以往导学老师队伍建设的封闭体系，激活用人机制，拓宽导学老师出口，加强导学老师的交流和提拔，解决导学老师的后顾之忧。

解决导学教师流动性较强、流失率较高的问题，必须加强导学教师的专业化建设，其中最主要的就是更新观念，尤其是更新领导的观念，全面提高导学老师的综合素质。导学教师在工作了一段时间以后就会积累一定的工作经验，也会认识到自身不足。如果学校能制定一套完整的培训机制，给他们更多的培训学习的机会，不管是对学校还是对导学教师本人来说都是双赢的。另外，还可以加强导学教师之间的沟通与交流，使导学教师的业务能力不断提高，确保导学教师在工作中发挥应有的作用，保证开放教育学生的培养质量。

二、注重培养优秀的学生干部

好的学生干部不仅自己会给其他同学做出榜样，也会分担导学教师的工作重担，而且在这个过程中锻炼了学生的工作能力，运用在工作实践中。导学教师在选择班干部的过程中要一视同仁，不能因为个别小问题而否定他们的优点，广泛听取同学和任课老师的意见，综合学生的平时表现，民主或择优选拔。选出优秀的学生干部，要充分信任和尊重，减少个人干涉，使他们充分发挥个人的工作主动性和能动性。学生干部队伍应真正发挥先锋模范作用，真正发挥战斗堡垒作用。学校应健全团支部、学生会组织，主动让学生组织成为学校与学生、教师与学生沟通的桥梁，通过民主推荐、个人竞选产生学生干部队伍。结合开放教育类学生的生理和心理特点，通过学生干部开展广泛的思想交流。帮助广大学生树立和培养学习自信心：一方面，肯定他们在以往的学习和工作中取得的成绩和努力，使他们充分看到自己的优点和能力；另一方面，循序渐进一对一式地辅导，将他们在实际环境中遇到的问题总结归纳，然后反馈经验。在交流沟通过程中，要注意交流态度，避免出现僵局，挫伤学生的学习积极性；要充分尊重学生，学生的自尊心相对来说更强，并且也更容易受到伤害，老师的教育手段要不断改进，积极与学生磨合，减少代沟的出现。在沟通的同时，鼓励他们学习之后要在自己原有的领域创新和进步，帮助他们做好职业规划和人生规划。在思想教育过程中，应尽量避免用说教的方式，毕竟这些学生都是成年人，多数已经有了比较丰富的社会经验。而强硬的教育态度只能引起学生的逆反心理，不仅不会配合老师的教育工作，甚至会放弃继续学习。对个别问题学生要单独关注，因材施教，明察暗访，找出学生学习欠缺的根源和影响因素，和周围同学、同事努力解决问题，最大限度地激发他们的学习主动性。

三、通过加强校园文化氛围引导学生的学习和发展

现在的大学生大多是独生子女，生活环境使当代大学生有着强烈的孤独感，他们渴望交流，希望有丰富的校园生活，感受来自众多同学的支持与友谊。针对此情况，学校应主动提供学生情感交流、培养兴趣和寻求帮助的平台，能够促进学生之间交流沟通，传承成长经验，解答学生疑惑，碰撞智慧思想，传递情感关怀，培养同学友谊，消除学习孤独感，增强学生对开放大学的身份认同感、归属感和凝聚力，营造积极向上的校园文化氛围，促进学生学习和发展。经常性地开展校区、班级之间各种比赛活动，增进学生之间的友谊。对学生的学习积极性教师应合理引导，帮助其树立明确的学习目标，使学生既有针对性还能自我检测和反馈。

第二节 坚持以人为本的理念

随着现代教育的发展和教育改革的深入,以人为本的学生管理将最终取代传统的学生管理,这是学生管理改革和发展的必然趋势。人是管理中的首要要素,因而提高人的素质、调动人的积极性、促进人的全面发展是提高管理效果的关键。科学发展观的本质和核心是坚持以人为本。坚持以人为本,不仅在人类思想发展史上具有重要的理论价值,更应成为当今高校新的办学理念。

一、什么是以人为本的管理

以人为本的管理模式就是以人为中心,在确立学生主体地位的基础上,围绕调动学生的主动性、积极性和创造性来开展一切管理活动,这种管理模式是高校学生管理模式发展的必然走向。以人为本的学生管理工作理念,就是要以人为出发点,充分尊重学生作为人的价值和尊严,充分尊重学生的人格、个性、利益、需要、知识兴趣、爱好,力促学生全面发展,健康成才,并能可持续发展。这就意味着要从那种把对人的投资视为"经济性投资"的立场转变为"全面发展性投资"的立场。以人为本的管理在处理人与组织的关系时,并不否定和排斥组织的目标,而是把人的自我发展和自我完善作为组织目标的组成部分。高校学生管理中坚持以人为本的管理思想,就是指高校学生管理工作应该以调动学生的积极性为出发点和落脚点。具体而言,就是要在高校学生管理过程中坚持把教育和管理的对象—所有学生作为全心全意为之服务的主体。树立"以人为本"的高校学生管理理念,营造良好的服务氛围,对学生能起到潜移默化的作用。高校从教学到行政管理，从教导学生学习到后勤服务，都要不断深化教育改革，转变教育观念，转变过去以学校为主体、以教育者为核心的工作思路和工作方式，变管理为服务，树立一切工作都是为了学生的健康成长的管理理念。以人为本的高校学生管理就是以学生的发展为高校工作的出发点和落脚点，一切为了学生，使学生德、智、体、美全面发展。具体而言，就是要理解学生，尊重学生，服务学生，信任学生。

二、实现以人为本的管理模式的必然性

高校是培养和输送人才的重要阵地，始终担负着为社会培养高素质的建设者和接班人的神圣使命。现今高校学生管理中，管理目标的抽象化和格式化也是高校学生管理的一大弊病。高校学生管理工作与学校的其他工作目标是一致的，都是为社会培养人才。

人性化管理是以情服人提高管理效率的，人性化管理风格的实质就在于充分尊重被管理者的自由和创造才能，从而使被管理者愿意以满足的心态或以最佳的精神状态全身心地投入到学习和工作中，进而直接提高管理效率。人性的管理是情、理、法并重的管理，而不是放任管理，也就是我们提倡的教育人性化。对高校学生实行以人为本的管理模式抓住了学生管理中最核心的因素，因为学生管理就是人的管理。人的需求、人的属性、人的心理、人的情绪、人的信念、人的素质、人的价值等一系列与人有关的问题均成为管理者悉心关注的重要问题。这是高校学生管理的出发点和落脚点。

高校的基本职能之一就是为社会发展教育和培养人才，大学生已经具有了成为国家栋梁的基本潜质和条件，在教育和培养的过程中，要充分调动大学生的主动性、积极性和创造性，为他们提供能激发创造性和自主创新性的氛围。要实现这一目标，高校教育管理就必须是人性化管

理，实施以人为本的管理模式。首先，要转变教育管理观念，树立科学的人才观。切不可用一种人才模式苛求学生，限制学生个性的发展。教育管理工作者要有着眼于未来的宽广眼光和不拘一格育人的胆略。其次，要着重提高教师的综合素质，强化管理者的人格魅力。在新形势下，主观上学生群体已经不接受传统的高校教育管理模式，客观上高校管理所面临的形势也不能使这种模式维持下去。招生规模的扩大，贫困生数量的增加，个性培养和创新教育日益被高校所重视等，这些因素都要求高校学生教育管理必须抓住"学生"这一根本，转变管理理念，提高教师的综合素质，强化管理者的人格魅力。进行人本化管理，其实是对教师尤其是教育管理者提出了更高的要求。以人为本，促进高校教育管理和谐发展是时代的发展，是适应大学生全面发展和个性发展的必然要求。

三、构建以人为本的教育管理模式

（一）加深对学生的本质认识

高校教育管理，无论是计划和任务的确定，还是内容和形式的选择，都源于对学生的认识和把握，源于对学生发展中各种矛盾的深刻洞察。实际上，任何个体都有其自身具体、独特、不可替代的需求。不同个体的需求在整个群体中都不是孤立存在的，它们之间是相互联系和作用的。就高校教育管理而言，学生对自身所处管理环境的感受，对自己在学校中的地位，对学习、恋爱、人际关系、就业等个人发展需要得以满足的程度，都是影响管理效果的重要因素。离开了对这些因素的认识、洞察和把握，高校教育管理就成了无源之水、无本之木。因此，我们只有全面考虑学生的个体情况，重视个人需要在管理中的地位和作用，并把它们看作运动的、变化的，高校教育管理才能有的放矢，提高管理效率，收到预期的效果。

（二）营造以人为本的校园文化环境

环境是人们赖以生存和发展的自然条件和社会条件的总和。校园文化环境，是指与校园文化的形成与发展密切相关的外部条件。校园文化环境包括校园的物质环境和校园的精神环境两部分。校园的物质环境是以布局成型的姿态出现的物质环境，主要是指校容，如建筑物的布局，室外的绿化、美化，室内的整洁、美观、大方等。校园的精神环境主要是学校的传统习俗，校风、人际关系、心理氛围、文化品位及活动构成的气氛等。人的发展及才能的养成，是遗传、教育、环境共同作用的结果。人不仅受他们所处的环境的影响，也在不断地改变环境。环境又进一步地影响他人和自己。就学校而言，这种对人的发展以及才能的养成产生影响的环境，就是校园文化环境，校园文化环境对学校的教育工作及师生员工的生活有着不可低估的作用。开展丰富多样、多元化的学生集体活动能够培养学生崇高的理想和高尚的道德情操，能够使学生的兴趣爱好和特长得到良好的培养和充分的发挥。在一个健全的集体中，学生的不良习惯及意识比较容易克服，因为集体的影响、优良作风的熏陶对学生思想品德的形成和发展能起到巨大的促进作用。要充分调动学生的积极性、创造性，设法激发学生的思维兴奋点，组织开展丰富多彩的集体活动，在集体活动中教育、培养每个成员的集体主义精神。通过各项活动，积极发挥和发展学生的才干及特长，使活动和教育融为一体。

（三）构建以学生为中心的管理模式，实现学生自我管理

贯彻"以人为本"的教育理念，构建人性化的教育管理模式，其中最基本的有两条：一是确保学生在教育中的主体地位，充分尊重学生的人格与自主权利。二是要对所有学生负责，为学生的全面发展提供应有的服务。

作为教育工作的重要方面，在管理工作中确保学生的主体地位，尊重和维护学生自主学习的权利，就要保证教育主体的主观能动性得到充分发挥，使他们的个性得到充分张扬，使学生的潜力和发展的潜质得到充分的挖掘。积极实践学生的"自我管理、自我教育、自我约束、自我服务、自我发展"等，不断培养和提高学生独立思考问题、分析问题、解决问题的能力，这不仅是改进学生工作，为学生的自主发展提供更大的空间需要，也是这些年来在教育管理工作中的成功经验。学生的"自我管理"，就是一种民主的、开放的、人性化的管理，它更加有利于实现学生成才的目标。

四、管理过程中出现的偏差

虽然我们的理念是正确的，但是在实施的过程中同样会出现问题。在教育学生的过程中，我们有时会忽略学生的位置，教学过程中缺乏互动性，我们需要调动学生的主动性，使其主动学习。

要注重启发引导，避免单一的知识灌输。教师有时候是采用灌输式的教育方式，将知识单纯地传授给学生，没有给学生思考的时间，没有培养学生的自我思维意识，学生只是被动地接受，根本没有转化成为自己的知识，学到的也只是书本表面的知识。有句话说得好，等大学生毕业后忘记书本的知识，剩下的就是他在学校所学到的。然而，当学生毕业后剩下的知识还有多少？他们学到的知识如果没有被内化转为自己思维构成中的一部分，笔者相信这一部分知识是没有学到的。

学生的主观能动性被忽略，失去了理解、互动、判断的内化过程。这样的大学生就失去了独立思维判断的能力，等他们步入社会以后可能会茫然不知所措，不知道自己以后的道路该怎么走，不知道怎样适应这个社会。在课堂上，学生除了认真地学习课堂知识，课外也需要加强自身学习，如只是掌握课堂上的知识，没有培养课堂外的动手能力，这样的大学生也是不合格的大学生。优秀合格的大学生不光要看成绩单，还需要培养各方面的综合素质，必须具有科学知识和动手能力。学生在校期间除了学习课本知识以外，还要提高交往能力、动手能力，才能更好地适应未来社会对他们的要求。

五、学生在管理中的问题

高校学生通常叛逆心理较强，不希望被控制，希望自由，不喜欢被约束，不喜欢规章制度，喜欢自由自在。针对高校学生的这一特点，我们可以调动学生的主观能动性，使学生转换观点，不要让学生觉得自己被约束，让他们觉得自己是自由的。从"要我学"变成"我要学"，可以多让学生参加课外活动，多参加社团、学生会，使学生学会自我调节和自我管理。同时，我们需要有更多的激励方式调动学生的积极性，从而更好地自我管理。对于在教育管理方面表现出色的学生应该予以必要的精神鼓励和物质鼓励，这样学生才能够更好地自我管理，进一步更好地推进管理模式，形成良好的管理习惯。

六、加强以人为本管理

做好教育管理工作，需要大家不断的努力，通过多和学生沟通，了解学生，从而更好地做好教育管理工作，立足于学生所需、学生所想，实实在在地为学生做好服务。在管理方面，教师应该更多地阅读教育学方面的书籍，更好地了解现阶段学生的心理状态，知道怎样处理出现的问题；同时，做教育管理工作的老师需要有满腔的工作热情和无私奉献的精神，这是一名管理者应该具备的，时时刻刻关心学生，了解学生的需要，从更人性的方面出发。老师也需要合理地晋升培训机制，更好地鼓励管理工作做得好的老师，只有这样教师才能更有动力地做好管理工作。高校管理工作是一项责任重大的工作，高校管理工作要围绕学生的基础需要，立足于学生的发展，更多的是做一个好的引导者，让学生朝着更好的方向发展。这才是我们管理者在以后的工作中需要加强的。

七、提高教育管理工作者的素质

以人为本的管理理念体现出管理的自主性、民主性、灵活性和发展性等特征，这对教育管理工作者提出了更高的要求。所谓"教书育人"就是通过"教书"这一手段和过程达到"育人"的目的。高校各门课程都具有育人功能，所有教师都有育人职责。学校道德教育的成效很大程度上是由教师的道德素养所决定的。教师及各类管理人员要从不同的方面对学生的行为产生影响和作用，确立全员育人和全过程育人的观念。学生工作者要深刻认识并准确把握经济社会形势和发展趋势，面对这些变化所带来的影响，能够因势利导做好学生的教育引导工作。

建设一支高素质的学生工作队伍，一方面是高校要按照要求认真做好建设规划，做到与师资队伍和其他管理人员队伍的建设统一规划、统一实施；要明确条件、坚持标准，切实做好人员选配工作；要周密计划、合理安排，扎实推进人员培训工作；要提出目标、严格要求，不断增强学生工作者的责任感；领导和有关部门要对学生工作者思想上重视、工作上支持、生活上关心、政治上爱护，使学生工作者能够随着形势的发展和工作的进行不断提高素质和水平，以满足事业发展的需要。另一方面，学生工作者要强化自我修养，明确自己的神圣职责，强化责任意识，树立服务意识，刻苦学习、主动实践、深刻思考、大胆创新，不断探索新形势下学生工作的新路子、新方法，不断总结适应新形势、新情况下的学生工作的新经验、新成果，在全面服务学生成长成才的过程中发展自己，实现自身的价值。

以人为本的教育管理要追求以新奇制胜，以巧妙攻心，关注学生的日常生活和学习生活中行为表现的细枝末节，把为学生服务放在重要位置，创造性地进行管理。只有坚持"以人为本，和谐发展"的管理理念，适应新时期科学发展观的要求，倡导积极向上的学习观、人生观、价值观，实现教育管理模式的改革与创新，才能真正促进学生的全面发展、和谐发展和持续发展。

第三节　提升教育服务意识

现代教育以促进人的现代化和主体的全面发展为中心。主体性、发展性是现代教育的本质规定。基于此，现代教育倡导"教育是一种服务"的教育管理理念。它强调教育者（教师）以满足受教育者（学生）个性发展，为受教育者创造全面发展和主体生成的情境、条件。它概括了当今教育的经营态度和思维方式。在如何开展教育管理和教育活动问题上，相对于传统的教育管理理念，它具有自身的特点：一是教育服务理念体现了现代教育以人为本的精神，突出了主体，突出了主体的生成和主体性发展；以培养现代主体人格为根本。它直接着眼于人，着眼于人的发展。二是教育服务理念下的教育管理活动是教育者与受教育者互为主客体、主体间的对象性活动，是在教育者的组织领导下，教育者与受教育者共同参与的活动；是教育者的启发、引导、指导与受教育者的认知、体验、践行的互动；是教育者的价值导向与受教育者自主构建的统一的活动；是教育者与受教育者的相互教育与自我教育、教学相长的活动。三是教育服务是现代教育管理的整体特征，它不是教育活动的某个阶段或某个部分、某个方面的特征。作为现代教育的根本指导思想，它贯穿于教育管理活动始终和教育管理活动的各个方面。教育服务的管理理念对于高校的改革、建设和发展有以下作用。

一、教育服务理念为改革高校教育管理提供内部驱动力

我们的教育理念是培养人、改造人、塑造人，这具有合理性和教育价值。但是，长期以来，人们一直将学生作为工作对象进行加工，将教育完全观念化，以至于我们不能正确理解教育与社会，教育与个人发展之间的关系，使许多教育政策与决策缺乏科学的基础。

树立高等教育服务理念，能够促使高校树立责任意识、市场意识和竞争意识，促使他们关注社会与受教育者的个人教育服务需求，推动高校自觉自主地进行改革，把握市场动向，完善服务体系，增强效益意识，提高服务质量。来自管理者自己对这种改革的需求和认同是改革高校教育管理最主要的动力。可以说，没有管理者对这种改革的深刻理解，没有管理者对教育管理的热情参与，没有管理者对学生管理的积极投入，教育管理理念要转变就十分困难。要求高校教育管理者树立教育服务管理理念，就是期望在形成教育服务理念的同时，一方面，使管理者意识到自己与服务，服务与学生的密切关系，从而尝试改变对学生的态度，尝试用全新的视角看待学生；另一方面，也让管理者从根本上认识到传统管理的问题所在。服务理念首先是将服务对象当成自己一切服务工作的对象和焦点，将学生满意或不满意作为衡量管理业绩的重要指标，在客观上，迫使管理者反思原来的管理理念，并努力接受新理念、新方法。这样，就能形成一种内在动力推动他们进行改革。

二、教育服务理念为引导高校教育管理提出新的目标

传统教育理念培养人一般只要求听话、驯服，而不注重独立思考能力。教师培养学生追求"齐步走""整齐划一"，对学生个体之间的差异和个体特征重视不够，因而培养出来的学生往往缺乏创新思维，很难适应时代发展的需要。

学生是共性和个性的统一。共性是指学生的群体属性，个性则指学生的个体属性。处于同一年龄阶段的学生，由于他们生命过程和生活经历的相似性，他们的身心发展在同一规律支配下，表现出某些相同或相似的属性和特征，即共性。但这些共性只是相对而言的，由于个体间遗传因子、家庭背景、社会环境及教育影响的差异，学生的身心发展无论是在内容上还是在水平上都是千差万别的，学生的性格、兴趣、爱好、智力、能力不完全相同，即具有个别差异。这种个别差异是绝对的，是不以人的意志为转移的。这是教育管理必须面对的事实。树立高等教育服务理念，不仅能够让我们意识到学生共性和个性的差异，还能够让我们意识到："高等教育服务的生产者是教育工作者，他们通过消耗智力和体力，而生产出适合不同教育对象需求的，具有多方面性能的教育服务，处在生产领域。学生则是高等教育的消费者，处在消费领域。"这种理念为高校教育管理实践提出了新的目标。作为提供教育服务的教育者，在教育管理中应以学生为本，尽量满足学生（作为消费者）的需要。不同的学生有不同的需要，同一学生不同时期的需求层次也不尽相同，需求的多样化就决定了教师工作的复杂程度。在提供教育服务时，教师不再是以前高高在上的管理者，而是成了"弯下腰去"为学生提供服务的教育服务生产者。要生产出优质教育服务，以满足不同人的所有合理需求，教师就要自觉地树立以人为本的服务理念，"弯下腰去"掌握学生的思想动态，了解他们需要什么、喜欢什么、想些什么、关心什么、拥护什么、反对什么、兴趣何在，更要了解不同年龄学生身心发育的规律和特征。要深入到课堂，深入到食堂，深入到学生宿舍中，深入到学生活动的各个方面，只有这样，才能从学生的角度制定出符合他们身心发展需要的管理规章，才能努力完善他们的个性，充分发挥他们蕴藏在主体内部的创造潜能，才能受到更多学生的欢迎和喜爱。要生产优质服务，教师还要了解学生需求的变化。社会在变，时代在变，生活环境在变，学生的思想观念也会随之发生变化。这就要求教师要不断调整教育方式，随时了解以前的规章是否符合发展了的实际，以前的教育方式、教育手段是不是学生愿意接受的。

三、教育服务理念为高校教育管理创造新型师生关系

传统的教育理念认为，学生是教育的客体，教师是教育的主体。受这种教育理念的影响，在教育管理中，教师和学生之间是管理者与被管理者的、等级式的、指挥与服从的关系，学生是绝对的弱势方，学校是绝对的强势方，教育者总是凌驾于学生之上，对学生指手画脚，发号施令，有时甚至采取"训斥"和"惩罚"的手段进行压服，甚至制伏学生。这种管理方法虽然可以暂时维护教育者的尊严和权威，也会取得一定的管理效果，但是它却付出了扼杀学生主体性、自主性和主观能动性的最大代价。

树立高等教育服务理念，要求教育者重新审视以前的师生关系，树立起新型的师生关系；从高等学校教师方面来看，在教育服务生产过程的师生关系中，学生作为教育服务消费者，在教育过程中拥有重要地位，教师必须予以尊重，教师作为教育服务生产者，不能不认真考虑作为教育服务消费者（学生）的意见要求。这意味着教师必须改变角色意识，树立服务理念，从提高服务质量、保证消费者满意的角度出发考虑一切，才能做到因材施教；从学生方面来看，意识到接受高等教育是对高等教育的消费，意味着他们必须树立独立意识和自主观念，他们必须对自己的选择和行为负责，不能完全依赖学校和老师。这种新型的师生关系有利于教育管理中师生平等地、朋友式地、相互尊重地交流对话。管理者也只有从观念上意识到对学生进行管理就是对学生的一种服务，认识到尊重学生就是在尊重自己，放弃学生就是在放弃自己，学生的失败就是自己的失败，失去了学生就是失去了自己，教师才可能真诚地去爱，真诚地付出，新型的师生关系才可能得以建立。

在这种新型的师生关系中，教育管理倡导以"爱"为核心的情感管理。爱是一切教育的起点，是开启学生心灵的一把金钥匙，也是教育引导和管理学生的一种精神动力。只有爱学生，管理学生才能做到十分耐心，了解学生才能非常细心，为学生服务才会一片热心。而爱学生的最有效途径就是和学生交朋友，成为学生的良师益友。这样，一方面，可以唤起教育管理者的友爱之心，使教育管理者乐于并善于与学生交友；另一方面，可以使学生把教育管理者看成最值得信赖的人，向管理者敞开心扉，吐露心声，心悦诚服愉快地接受管理。

四、教育服务理念为高校教育管理的评价提供新的依据

无论什么条件下，任何一所学校的教育管理都有获得良好效果的预期。不同时期，人们衡量教育管理质量的依据也不尽相同。传统的教育理念从管理者的角度出发，管理质量意味着管理特征对组织的规定与要求的符合程度。这一视角使组织更关注效率，即用最小的成本获得最大的收益，而看不到不同的被管理者对同样的管理感知不到同样的质量水平。

树立高等教育服务理念，衡量教育质量的标准主要是服务对象的满意度。这一视角更关注服务对象需要的满足程度。与传统理念相比，这一理念已经意识到不同的服务对象会对同一产品感知到不同的质量水平。当学生或家长感知到满意的服务时，也就是他们对所有服务特征的期望都得到满足或超额满足时，他们把整体服务感知为优质，并因此对学校和教师保持忠诚，从而对学校产生归属感。用满意度衡量教育管理，传统的强迫式的管理方法必然失去效力，这就促使教育管理者转变理念，认真研究学生，了解学生身心特点，了解学生需求，创新教育方法，满足学生需要，从而为高校教育管理提供了新的衡量依据。

用满意度衡量教育管理具体表现在要符合学校教育质量的以下几个特征：一是有效性，也就是能有效地发挥教育服务产品的功能和作用，

满足学生学习的欲望，促进学生的发展。二是经济性，是顾客为了得到教育服务所承担的费用是否合理，优质与廉价对顾客是同等重要的。三是安全性，是学校保证服务过程中学生的生命不受危害，健康和精神不受伤害，人格不受歧视，合法权益受到尊重和维护。四是时间性，顾客对服务的时间有需求，他们需要及时、准时和省时。五是舒适性，需要舒适的学习环境，以及令他们感到舒适的服务态度。六是文明性，顾客需要学校有一个自由、亲切、受尊重、友好、自然和善意的、理解的氛围，希望教师有较高的知识修养、文化品位和优雅的举止谈吐。

用满意度衡量教育管理要以服务对象为衡量主体。学校应给予学生充分的评估权；学校应制定教育服务质量标准，并使服务者了解标准；研制学生满意度问卷调查，用以作为衡量教育管理的主要标准。用满意度衡量教育管理并不意味着对传统衡量标准的彻底抛弃。为了对高校教育管理做出更科学的评价，我们认为，可以建立起高校教育管理满意体系。这种体系除了学生满意以外还包括管理者自己满意体系，包括上级对下级的满意、下级对上级的满意以及家长满意、社会满意等。这种系统化的满意体系有利于学生的健康成长，有利于学校的管理，使师生之间建立起共同学习、共同进步的良性循环。

五、在教育管理工作中树立服务意识的几点要求

（一）思想观念要转变

长期以来，传统的教育管理工作是以管理者为中心开展的，管理者对学生拥有绝对的权威，管理者与学生的关系是"管"和"被管"的关系，管理的内容主要表现为要求被管理者"做……""不做""如果……就……"，管理的基本方式是"要求""批评（甚至是训斥、吓唬）"和"处分"。这样的管理方式在特定的历史时期，对矫正学生的不良行为习

惯是能起到积极作用的。但在这样的管理理念下培养出来的学生缺乏独立思考的能力，缺乏创新精神，依赖性强。伴随着社会主义市场经济的不断发展，社会竞争日益激烈，社会对大学生素质、能力的要求不断提高，传统的管理模式已经不再适合当前的高校教育管理工作，我们就应该结合新情况，用发展的思维改进它，完善它。在管理中融合服务的思想，体现"以人为本"的管理理念就是适应新形势的有效方法，我们应意识到它的重要性，切实贯彻到管理工作的各个方面和环节中。

（二）工作态度要转变

在教学管理工作中，要尊重学生的个性，改变以往高高在上的管理者姿态，树立"管理即服务"的思想，提高自己工作的吸引力和亲和力，主动深入学生，听取学生的意见和建议，及时改正工作中的不足，贴近学生生活，贴近学生实际，视学生为朋友，宽厚待人，主动尊重、理解、关心和帮助他们，引导他们以主人翁的姿态投入学习、工作和生活，促进他们自觉自律意识的养成，最大限度地发挥他们的创造潜能。

（三）工作作风要转变

说得好不如做得好，树立落实服务意识，关键还在于工作作风上的转变。要把解决学生的思想问题和实际问题结合起来，主动观察学生关心关注的热点、焦点问题，及时高效、公平、公正地做好学生的评优评奖，党员的发展，贫困生精神和物质的帮扶，就业推荐和指导等工作，让学生感受到实实在在的服务效果。特别是在对待学习后进生和个别违纪同学的管理中，要学会感动他们，通过各种有效的帮助教育途径，如指导学习方法、多表扬他们的优点等，使他们觉得老师的工作是为他们着想，是为了实现、发展和维护他们的利益，从而自觉地学好表现好，促进整个群体管理的顺利开展。

（四）服务意识的树立要与坚持制度相结合

在教育管理中，制度是工作的保障，服务是工作的理念，稳定和谐是工作的目的。强调树立服务意识不是抛弃制度的约束，而是增加制度落实的人性化，没有制度依靠的服务是无力和软弱的。对于个别纪律观念薄弱、思想觉悟低、道德品质差、屡次违反纪律的学生就是应该按照规章制度给予相应的处分和处理，这样才能维护绝大多数同学的权益，赢得绝大多数同学的支持。同时，规章制度的坚持与落实需要服务意识的体现，只有怀着服务好学生的思想，才能赢得学生的理解与配合，才会将外在的规定转化为他们内在的自我要求，教育管理才会具有实效性和持久性。

六、在教育管理工作中树立服务意识的几点建议

（一）建立一套科学、规范、完善的学生工作制度

高校应按照国家有关法律规定，依据本校实际情况制定完整的、可操作性强的程序、步骤和规章制度，并以此规范学生的行为，行使有效的管理。完善学校的规章制度：第一，应确定制定主体，不仅学校领导参与，管理者参与，作为被管理者的学生也要参与，这样才能充分体现学生的利益，实现"以人为本"。第二，学生管理制度应当完善，不仅要注重实体内容，还应当注意到程序内容。比如学生处分制度，应当列明学生在哪些情况下会受到处分，还应有学生辩护机制和申诉机制。在所有的程序都进行完之后，再由决策机构认定处分该不该执行。第三，学校应有快速的反应机制，对国家一项新的教育管理政策或者法规出台以后，学校应快速地反应并制定出相应的实施意见。第四，除了这些强制性的规定，还应当有一系列的自律性的规定，使学生明确集体生活中行为自律的重要性而自觉规范自己的行为。

（二）发挥学生主体能动性，变被动管理为自我管理

在工作中，要充分发挥学生的主观能动性，使其积极参与到学生的管理活动中来，转变学生在工作中的从属和被动，而不是单纯地将学生看成是教育管理的对象，从而消除其对被管理的逆反心理，从而达到自我管理的目的。在教育管理方面，应实行学生工作处的领导、辅导员和学生干部的管理，以及学生自我管理的相对的教育管理方式。在培养学生的能力的同时，也实现了对企业的经营目标。

（三）完善对教育管理者的选拔模式和培训机制

提高教育管理工作者的待遇，建立一支专业稳定的教育管理队伍。一是学生管理者的选拔模式要创新。如今的教育管理工作者的选拔制度存在一定的缺陷，有的是毕业生为了留校做老师，而将从事教育管理工作作为以后成为任课教师的跳板；有的则是通过种种关系安排进来。因此，在这样的情况下，教育管理工作者很难保持高度的热情，管理水平也不一定很高。而新的选择模式是要面向全社会，以完善的选拔机制完成对教育管理工作者的选拔，这样能招募到各类人才，使学生管理队伍进一步扩大并提高一定的质量。在选拔人才的时候尤其要注意他们在教育学、心理学、管理学方面的知识。在国外做家政服务都必须具备心理学、教育学相关证件，持证上岗。作为教育管理者的选拔就更应注重教育、心理、管理方面的知识，最好是应具备这方面的学历。二是教育管理者培训机制要创新。教育管理工作是一项灵活多变的工作，需要管理者有足够的经验和专业知识处理各种突发事件，因此，对管理队伍的专业培训显得尤为重要。在新型教育管理模式下，任课老师是一个了解学生情况和反馈情况的角色，宿舍管理者也是一个重要的角色，因此，原来这种专业性的培训机制针对的主要是校、院、班三级的教育管理工作

者要改变，应面向专业课教师、学生辅导员和宿舍管理员，对学生辅导员、宿舍管理员要注重教育学、心理学、管理学方面知识的更新与培训，以及他们对突发事件的应急能力，让他们将"学会管理"与"学会学习"结合起来，使教育管理工作者能不断超越自我，从而培养出一支专业稳定的教育管理队伍。注重专业课教师对学生工作相关知识的了解程度的培训，使他们从被动到主动关心学生的成长，关心学生工作，从而在各高校树立全员育人的思想。三是关注教育管理者的待遇。教育管理工作需要管理者保持极大的耐性和工作热情，管理工作相当烦琐，使很多管理者不能维持工作的长期性，而管理者的经常变动则影响教育管理工作的开展和完善，因此，提高学生管理工作者的待遇，使其能稳定地从事这一工作是必要的。

（四）加强学生的德育教育和心理健康教育

当今高校教育中的人才培养，不只是要使其获得专业知识和技能，也要培养其道德修养和心理素质。而大学生面临来自学业和就业等多方面的压力，独生子女的心理弊端便显露出来，承受能力差，易造成一些消极的后果。高等学校是培养主流意识形态的重要阵地，对构筑大学生良好的精神世界发挥重要作用。高校学生教育管理者应通过各种渠道和方式，帮助大学生树立正确的世界观、人生观、价值观，形成高尚的道德情操和坚强的心理素质。因此，加强大学生思想道德建设与心理健康教育是当前高校教育管理工作的重点。许多高校都意识到了这一问题，也在不断完善，尤其要密切联系大学生的实际，广泛深入地开展谈心活动，有针对性地解决好学习成才、择业交友、健康生活等方面的具体问题，提高思想认识和精神境界。要制定大学生的精神卫生教育方案，明确其教育内容和方法。加强对大学生的心理健康和心理咨询，使其得到良好的发展。

"以人为本"的管理模式是顺应当今形势行之有效的模式。教育管理者要结合实际情况积极运用这种模式，在管理中树立服务意识，充分调动学生自我管理的积极性和能动性，实现管理者和被管理者的有机融合，实现教育管理的时效性和持久性。

第四节 创新管理方式

创新是学校办学的灵魂，是学校发展的核心。高校必须在管理上进行改革，抛弃陈旧落后的管理模式和管理方法，建立一套符合时代要求的新型管理体制，才能真正地提升管理水平，实现高校的办学质量和效益，培养出一批优秀的创新人才。虽然全面创新管理是为企业的创新而提出来的，但在大学中也是如此。

一、当前高校教育管理工作的主要问题

（一）管理体制落后

传统的高等教育管理体制受单一计划经济体制的影响，其在管理观念和教育手段上极大落后于当今的社会和经济环境，市场经济的灵活多变是传统教育和管理体制无法适应的。以往固定的学制和课程也变得相对灵活，曾经的毕业分配政策也由大学生自主择业代替。大学生作为知识分子群体，世界观和价值观更能紧跟潮流，不断前进和变化着。随着改革开放的深化，经济政策和体制，社会物质和文化生活都在发生着翻天覆地的变化，大学生更加追求个性，思想更具独立性，传统的计划经济体制下的教育管理体系已经无法适应高校学生的管理工作。

(二)教育管理人才缺乏

要建设高水平高等教育学校,必须在教育管理人才的引进上给予足够的重视,绝对不可以认为,人才的重点应当在科研和教育上。目前,我国高校教育管理队伍人员参差不齐,数量多,但整体素质不高,无法适应高等教育的改革和发展。

因此,新时期的教育管理急需一支专业过硬、素质较高的教育管理人才队伍,强调其经验丰富,专业知识扎实,思想坚定,勇于创新。

二、高校教育管理工作创新的必要性

今日高校的功能已由单一走向多元,从简单趋向复杂,高校与社会的关系日益紧密。21世纪,人类社会正进入一个以智力资源为主要依托的全球化知识经济时代,伴随知识经济社会的到来,高等教育将在社会中发挥空前重要的作用。高校作为法人实体,必须有全面创新思维,否则将落后于历史前进的步伐。全面创新管理特别是其根据环境的变化突破了原有的时空界域和局限,建立于教学管理部门和教师创新的框架,突出强调了新形势下全时空创新、全球化创新和全员创新的重要性,使创新的主体、要素与时空范围大大扩展。

(一)管理创新是培养高素质人才的需要

当前,科技飞速发展,新技术不断涌现,要培养大批高素质人才以适应新时期的生产建设,必须不断推进教育创新,这不仅包括教育观念、教育制度的创新,在人才培养模式和教育管理工作上也必须探索出一条新的道路,才能提高人才的素质和能力。教育管理工作是高校育人的重要手段,其本身并不仅是一个简单的政策、制度、规章所能涵盖,它是一整套理论体系和系统工程的反映。教育管理工作的创新过程必须不断与外界思想、政策、环境相比较，适应时代的潮流和社会的发展，这样才不会被时代所淘汰。

（二）管理工作创新是高等教育大众化的需要

自1999年高校扩招以来，招生规模的不断扩大，学生人数的不断升高，以前的所谓"精英教育"渐渐被大众化的教育模式所取代，大学生的整体素质和层次也在发生着巨大变化，这对高校教育管理工作是一个不小的挑战。高校教育管理工作只有积极创新，不断探索，才能适应高等教育大众化发展的要求。

（三）管理工作创新是服务学生的需要

我国当前正处于社会转型期，社会生活方式逐渐多样化，大学生的思想观念、价值观念、生活方式都在发生着巨大变化。网络技术快速发展，大学生对于新知识、新技术的接受和学习更快，这使他们被网络深深地影响着。从教育管理的层面看，互联网的确带来了新的技术和方法，但互联网也冲击着传统的管理方法和体制。网络信息良莠不齐，不少学生难以判断，无法抵御不良信息的侵袭，其思想受到这些虚假、不良信息的毒害，导致部分学生沉溺于网络，直至走上违法犯罪的道路。因此，必须对管理模式进行创新，这是加强学生工作的需要，也是提高高等教育质量的需要。

三、全要素创新在高校教育管理中的应用

（一）高校创新发展战略的制定为全面创新指明了方向

高校在战略措施的制定上，要找准切入点，突出特色，坚持特色办校，将有限资源用于战略性、关键性的发展领域，使之发挥最大效用。

高校的优势来自管理者将内部所具有的专业特色优势、人才优势、学术科研成果、管理经验、资源和知识的积累、整体创新能力等多种因素整合。只有建立在现有优势基础上的战略，才会引导高校获取或保持持久的战略优势。推进特色办校战略，不仅在某一学科或专业上有特色，而且尽可能在某一领域上有特色。

（二）创新文化的建设是实现高校全面创新的源泉

各种创新活动都离不开高校创新氛围的基础，如果高校中人们的思想僵化、思路不清，机械、呆板，满足现状、不思进取、缺乏创新欲望和动机，对创新举动不予理睬甚至百般阻挠，就不可能形成强烈的创新氛围。据研究，国内外的一些著名高等学校，其保持长盛不衰的活力之源就是独特校风的延续和更新机制的存在。

（三）技术创新是实现高校全面创新的手段

现代信息技术对教师的学科知识结构以及掌握现代化教育技术的程度也提出了更高的要求，教学方法和手段的现代化及课程内容的更新，影响教学过程和人才培养的过程，对大学生的思维方式、行为模式、价值观念、政治倾向等都产生了深刻的影响。

（四）创新制度设计是高校实现全面创新的保障

任何一个制度和政策设计的终极目标都是要最大限度地激发人的积极性。高校必须承认个人在知识发展中的独特性，建立"以人为本"的有利于学生创新思维、创新能力培养的管理制度，既有利于充分发挥学生的学习积极性，又有利于充分发挥教师的教学积极性。

（五）学习型组织是高校实施全面创新的必然选择

随着我国高等教育向大众化阶段的迈进，高校办学规模不断扩大，管理幅度和管理层次也相应增加，高校实际上已经成为一个复杂的组织系统，传统的金字塔式的组织结构已很难适应知识经济的要求。因此，应改变组织结构，建立一种有机的、高度柔性的、扁平的、符合人性的、能持续发展的、充分发挥员工的创造性思维能力的组织。

（六）全时空创新在高校教育管理中的应用

全时空创新指每时每刻都在创新，使创新成为涉及学校各个部门和师生员工的必备能力，而不是偶然发生的事件。这就要求在课程体系中增加创新能力的训练和综合实践课程，提高学生在亲身实践中发现问题、解决问题的能力，进而激发灵感。

教师要更新教育观，转变教育思想，改变常规教学方法，把知识的最新成果以及学术界正在争论的问题随时融进教学中，身体力行站在创新的最前沿。况且，在全球经济一体化和网络化的背景下，高校应该考虑如何有效利用创新空间，在全球范围内有效整合创新资源为己所用，实现创新的全球化，即处处创新。

（七）全员创新在高校教育管理中的应用

全员创新要求师生员工必须学习、学习，再学习，不仅要系统学习掌握基础的现代科学文化知识，而且要钻研某一专业方面的前沿领域，做到博与专，基础与特长的和谐统一，加强当前的阶段性学习，更要强调终身学习，不断增加新知识、新技能，保持良好的知识结构。高校教育管理人员再也不能像以往那样用传统的组织手段指挥一群富有知识、渴望创造的教育工作者，必须不断探索高校教育管理中的新规律、新问题，研究现代化高校教育管理的新的方法论，寻求新形势下行之有效的管理方法，努力增强高校教育管理的科学性和艺术性，不断提高管理成效，用信息化管理方式取代传统管理方式，更要学习借鉴国内外先进的高校学生管理经验。

（八）全面协同在高校教育管理中的应用

正常的教学秩序需要稳定的教师队伍和部门间的协同管理创新。目前，高校规模的不断扩大使高校教育管理创新呈现出纵向的多层次和横向的多部门性，并且相互依存。无论从高校教育和教学管理的主体还是从客体看，都不可避免地会出现利益和要求的多元化局面。高校教育管理中的协同创新行为是高校多个部门创新的组合过程，必须让所有参与协同的部门了解当前高校组织创新的实际情况，这不仅有利于单个部门的创新，而且在创新的过程中能进一步增进相互理解和信任，利用部门间相互协同创新，增强高校的凝聚力，提高高校的管理效率和创新能力，最终实现解决矛盾，缓解纠纷，消除内耗，达到整体创新的目的。

四、高校教育管理工作创新的几点建议

（一）完善教育管理制度

高校教育管理制度是在全校范围内具有普遍约束力的各种规章、条例、制度等，是高校依据国家有关法律法规制定的行之有效的管理办法。然而，我国高校的学生管理制度大多沿用老一套的管理办法，已经跟不上时代的发展。因此，必须尽快制定出与时代和社会现状相符合的管理制度，完善管理上的不足。

（二）思想政治教育的地位不可摩天

高等教育的根本目的是为我国的社会主义事业培养人才，为生产建

设和经济发展提供人才保障。因此,社会主义思想政治教育一直是我国高等教育体系的重要组成部分。管理工作的创新也要充分利用思想政治教育这一强大武器,将马克思主义贯彻到大学生的生活、学习、工作中,为他们确立正确的世界观、人生观、价值观提供坚实的理论依据,使其能够自觉抵御各种不良信息和消极思想的冲击,将个人的成长与国家发展、社会进步有机结合,促使大学生不断努力,不断前进。

(三)教育管理队伍专业化

目前来看,我国高校的学生工作管理队伍普遍存在这样那样的问题,如专业背景不同、理论基础不扎实,在学历水平和思想素质上也存在不小的差别,这对于高校的教育管理是十分不利的。因此,努力培养和造就一支胜任学生管理工作的专家队伍是当前教育管理工作创新的当务之急。一支专业过硬、素质较高的教育管理人才队伍,不仅能够管好学生,更能服务学生,培养学生,提升学校的综合实力。

五、结论

高校全面创新管理体系的建立是一项复杂而艰巨的工程,不仅需要对全面创新管理中的要素理解掌握,还应采取如下策略:在宏观上,政府要明确在高校科技工作上的职能定位,加强对高校科技工作的战略规划,对高校实行分类指导,引领科研方向;中观上加强校内、校外,国内、国际的科技交流与合作,建立和完善科教经互动的合作创新体制,构建开放的人才培养体系和多元化、多渠道的科技创新投入体系;微观上各高校要实施高校科技管理体制创新工程,建设科技资源共享的创新基础平台,实施科技创新人才选培工程,培育科技创新文化,提高投入资金的使用效率。

第五节 有效利用网络

互联网已成为高校教育管理工作中不可或缺的一部分,给高校教育管理工作带来机遇的同时也带来了挑战,如何充分发挥其独特优势,消除具体工作实践中的局限性,创新管理模式,将是新时代下高校教育管理工作取得成功的关键。

一、什么是网络化平台

网络平台是指以计算机网络为基础,实现各种工作的基础。本书主要是针对学校的某些问题进行研究,其中包括软硬件设备。在不同的地区网络上,提供各种支撑系统,并通过系统提供了工作内容的开发工具,可以将不同的文档导入到不同的文档中,并提供了各种联系和集成的功能,全面、系统地管理着每一项工作。它在许多方面都是一种有效的管理工具,可以快速添加、赋予和删除多种权限,同时也是一种有效的沟通工具,可以很好地满足各种功能。

二、现阶段网络在学生思想教育中的应用现状

为使网络信息技术更好地为学生服务,建立一个高层次的网络平台,国内许多高校都在不断地改进和完善校园网络平台。尤其是近年来,网络技术在高校中的广泛应用。互联网是当今世界上最发达的通信工具,它的开放性、综合性、全球性等特点,使得各种文化和事物的沟通渠道越来越多,它对社会的发展,对人类的发展都起到了很大的促进作用。网络信息比较复杂,尽管有很多有益健康的信息,但是也不乏一些不良

信息。相关资料统计表明，在全国大学生中，有60%以上存在着不良的上网行为。不良信息必然会给初出茅庐的大学生带来不良影响，给他们的思想品德和行为习惯带来消极的影响。所以，建设一个绿色的校园网络平台是十分必要的。

（一）网络化有助于掌握学生的思想道德状态

通过技术，思想政治工作人员或班主任可以更快、更准确地理解和掌握学生的情况，从而提高学生的思想政治工作能力，特别是一些社会和学校的热点问题。在信息化的今天，大学生更愿意把自己的想法和行动通过电子数据传递到网上，并通过互联网进行讨论和沟通。

通过互联网，教师可以在最短的时间内获取学生的思想信息。通过对学生网站的搜索、整理和分析，可以找到正确的方法，及时发现学生的心理波动和错误，并对其进行正确的引导。

（二）网络化有助于改进思想道德教育模式

传统的教学方法仅仅是由老师在课堂上进行口头指导，或者是口述列举实例来进行教学。该模式会让学生觉得教师的讲解不够生动，使他们难以理解。在这种背景下，运用网络技术对大学生进行思想教育，使其具有较强的可操作性。这种极富感染力的材料能让学生在学习过程中不会觉得乏味，并能很好地吸收。此外，通过互联网的及时传达，能够更迅速地传达信息，让学生感受到思想教育工作无处不在。

（三）网络化有助于净化思想道德素质内容

随着互联网时代的来临，越来越多的网络技术和信息被人们所认识和运用，然而，由于学生自我控制能力一般不强，使用不当，导致了大学生在网上传播不良信息，从而影响了他们的道德修养。在这样的大环境下，建立校园网络平台是一个很好的解决办法。首先，校园网的安全性更高，在思想教育的同时，也会大力倡导环保，坚决抵制不良信息，从而在某种程度上改变了学生的思想。同时，通过校园网络进行思想政治教育，使大学生在业余时间内能够自觉地抵制不良心理，从而使自己的思想发展方向更加清晰。

（四）网络化有助于扩宽思想道德教育的视野

目前，由于互联网技术的飞速发展，人们可以在一秒钟内将所有的信息都集中起来，而不会受到时空的制约，从而有效地解决传统的通信手段无法解决的问题。因此，高校网上平台的建设可以为高校思想政治工作提供一个更为广阔的平台。

同时，学校的网上平台可以实时地接收到学生所需的信息，并记录他们的心理发展状况，为非教育者和受教育者提供更多的教育时间。加强大学生的思想品德教育，为大学生提供思想教育与指导，突破了时间、空间的桎梏，为大学生提供开放性的、全社会的教育空间，充分发挥其自身的特点，实现对大学生的思想政治教育。有关人士对学生的心理进行了研究，认为在课堂上，听觉和视觉的结合可以提高学生对事物的认知能力。通过网络进行思想政治教育，可以准确、快捷地了解学生的思想，充分发挥网络信息的优势，拓展思想政治教育的渠道和空间，使思想政治教育更加适合青少年、更加有效、更加新颖的思想教育方法。

三、网络对高校教育管理工作的影响

随着信息技术的发展，互联网作为一种新媒介已成为大学生工作、学习与生活中不可缺少的一部分，在高校已经很难找到从不上网的学生，网络行为越来越成为大学生的一种生活习惯。而作为网络的主要使用者，大学生的意识形态及行为方式也深受网络的影响，他们逐渐倾向于在网上发表自己的各种看法、愿望和意见等，并开始通过网络行为表达与自己息息相关的教育管理工作的关注和诉求。

在实践中，网络技术也不断地被运用到高校教育管理工作中，这给我们的工作带来了机遇，但也伴随着挑战。一方面，网络技术的应用使教育管理工作变得高效、便利且人性化；另一方面，由于网络自身虚拟化等特征，也使我们的教育管理环境变得复杂化，这对高校教育管理人员提出了新的要求。如何运用好网络这把"双刃剑"，充分发挥其独特优势为育人管理服务，将是高校教育管理工作能否取得新突破的关键。

四、利用网络平台强化对学生的管理

在对学生进行管理的过程中，网络平台的构建对于学生的管理工作强化方面会带来巨大的帮助，主要应用在以下层面。

（一）强化了学生思想管理工作

思维可以左右人的行动，特别是对学生而言，他们的思维还不够成熟。通过互联网，学校可以向学生提供最新的信息，让他们在最短的时间内，得到最好的教育。比如，人民网是世界十大报纸之一《人民日报》建设的以新闻为主的大型网上信息交互平台，它的功能非常强大，同时也说明了它的影响力广。另外，由于学生在学习的时候，会遇到各种各样的问题，所以老师们可以通过网络来收集和整理学生们的想法，从而制定出一个合理的计划，时刻注意着他们的心理变化。

（二）强化了学生心理健康教育

无论是哪个阶段的学生，在学习过程中都容易产生情绪波动，从而对他们的身心发展造成很大的不利影响。而且，随着互联网技术的发展，学生们的眼界开阔了不少，但也有不少人因为沉迷于互联网而失去了方向

感，在他们的心理上，也笼罩着一层阴霾，久久不能消散。在这种形势下，高校要运用网络技术，正确引导大学生的不良心态，以健康的网络为载体，以网络为媒介，有效地把握大学生的心理特征和思想脉络。

（三）强化了对学生学习上的管理

学习是学生的本职。随着我国教育体制改革的不断深化，传统的教学模式已经难以适应时代发展的要求，高校网上的网络平台也起到了重要的促进作用。各大高校使用了网络平台后，能够给学生营造更加积极的学习气氛。如果有什么不懂的地方，可以在网上向老师请教，老师会在最短的时间内为他们解答。

（四）增强了学生的凝聚力

在这个阶段，有不少同学都是独生子女，他们的自我意识很强，缺少团结互助的精神。所以，在这种情况下，班上的管理者就会感到无力，很难管理。如此一来，整个班级就像是一盘散沙，对所有人的发展都会造成很大影响。随着网络技术在校园内的广泛运用，教师可以根据学生的网上资料，及时掌握学生的实际状况，并根据实际情况提出相应的对策。同时，老师也可以利用网络平台，组织团体活动，让学生互相融入，通过网络团体活动，加强同学间的情谊，从而逐步建立起学生的凝聚力。

五、网络时代下高校教育管理工作的新举措

（一）开辟网上思想政治教育阵地，加强对学生网络民意的疏导

网络具有开放性，它完全打破了原有国家、社会之间的限制，将世界各国都紧密联系起来，不同意识形态之间的思想碰撞和文化冲突达到前所未有的程度。

不可否认的是，部分思想和三观尚未成熟的大学生在网络上强烈的多元文化的碰撞下逐渐迷失了自我，对原有的主流理想信念产生怀疑，造成他们政治观念的淡漠、价值观念的偏离，出现极端个人主义、拜金主义等问题。作为高校教育管理人员，必须抢占网络高地，通过网络平台创建"红色网站"，在校园网上建立理论专区，构建思想政治教育阵地。一方面，高校教育管理人员应高度重视大学生网络民意的表现，密切掌握大学生的思想动态，对于大学生所关注的热点、难点问题在网上给予及时的回应，做好疏导工作。我们应该想办法深入到学生喜欢参与交流和讨论的网上社区、网站和聊天室等，积极与学生互动交流，及时了解大学生的网络情绪。特别是针对一些学生关注的重大政治、意识形态等敏感问题要及时在网上进行旗帜鲜明的正面引导，在引导过程中要注意坚持柔和的交流态度，言之有理，言辞恳切，力求把一些尖锐的矛盾化解在萌芽状态。同时，要尽可能地团结好网络中的骨干活跃人员，在网上敏感话题的争论中，网络上的骨干活跃人员的行为对普通网民有巨大影响力，要积极发挥他们的正面影响力，教育和带动更多的网友理性、成熟地思考问题。另一方面，要建立网络舆论突发事件应急机制。突发事件发生后，通过网络广泛、迅速、覆盖面大的信息平台将真实情况直接发送给每一位同学，提高组织传播的效率，减少信息在多层传输过程中的人为减损，防止学生被不实信息误导煽动而引发更大的混乱。

（二）增强学生网络法制意识，加强网络文明建设力度

目前，我国关于网络的相关法律法规并不完善，高校对大学生网络法制意识与网络文明的宣传教育力度不足，加上对大学生的网络行为缺乏正确、有效的引导，导致大学生普遍的网络法制与网络文明意识不强，从而造成大学生网络行为规范的缺失。高校作为大学生网络法制与文明

建设的主要场所，并未有效占领网络法制文明系统建设的前沿阵地，未能形成良好的校园网络文化氛围。

针对这一现象，首先，国家要根据网络发展的新情况和新问题，及时制定和出台一系列能适应网络环境快速发展的新法律法规，不断提高打击网络犯罪与网络不文明行为的能力。高校教育管理人员要加大对学生开展网络普法教育、网络安全教育和文明上网教育的力度，积极引导学生以遵纪守法为荣，对有关网络法律问题进行主动思考，如利用社会上的一些典型案例教育学生触犯网络法律所应承担的法律责任，以示警醒；同时，可在学校相关网站或BBS社区上开辟寓教于乐的法制教育网页，设立在线互动答疑等栏目，发动学生积极参与对网络违法现象与不文明行为的深入探讨，在潜移默化中提升大学生的网络法制与网络文明意识。其次，必须坚持他律与自律有机结合，倡导在学生群体中形成互相监督，合法文明使用网络的氛围。杜绝学生对网络违法与不文明行为的互相包庇与谅解，使学生分散的网络文明行为凝聚成有组织的共建网络文明的行动。在这一过程中，应充分发挥学生党员的模范带头作用，培养一支政治立场坚定、作风正派、网络技术过硬的学生党员队伍，充当网络文明使者，利用他们来自学生中便于与学生沟通、易于被学生接受认可的优势，引导好大学生的主流价值观，使他们肩负起宣传网络法律法规、倡导网络文明的重任。

（三）建立一支具有网络时代意识与过硬网络技能的学工队伍

高校教育管理面临的环境发生了变化，网络信息技术的快速发展向传统的高校教育管理理念与方式提出了新的要求，这是新时期高校教育管理工作必须正视的现实环境。教育管理人员要想有足够的能力解决在新的教育管理环境中出现的新问题，必须强化自身的信息素质，提高现代网络技术应用的能力，才能充分利用网络资源优势，拓宽高校教育管理工作的空间，增强教育管理工作的针对性和实效性。

作为高校教育管理者，要抢占网络高地，建立属于自己的网络构架。注意网络社团、BBS社区、微博、QQ等网络媒介在工作中的运用，努力实现班级管理网络化，提高工作效率，使大学生表达的意见更有机会直接接近管理中心，从而改变以往信息不畅，具体管理工作、措施与现实脱节的被动局面，增强学生管理工作的针对性和科学性。此外，基于传统的教育理念，学生对老师既敬又畏，在老师的面前难以敞开心扉，真实地表达自己的所思所想。而网络隐秘性与虚拟性的特征使网络交流少了现实中面对面交流的尴尬和顾忌，现在大部分学生都热衷于通过网络平台表达自我，很多时候都会把自身的心情、心态或者对事件的观点及时通过网络宣泄。这样的情况导致管理者对学生的思想难掌握、问题难发现，师生关系也由此而渐行渐远。多关注学生在网络上发表的信息，可以及时掌握学生的思想动态，从而对症下药，将一些不良的思想遏制于萌芽状态。相对于以往传统、低效的育人管理环境，当前高校教育管理工作成败的关键，在于管理人员是否能够在第一时间准确地获取高质量的信息，只有在知己知彼的情况下才能做出正确有效的决策。

（四）充分利用网络资源，加强对学生的服务工作

在现阶段的实践中，网络技术与资源在高校教育管理工作中的应用还处于初始阶段，很多都是停留在"面子工程"的形式上，没有落到实处。要切实在网络上开展教育管理工作，必须坚持管理与服务相结合的原则。一方面，要加大校园网络的信息量，在校园网络平台上，除了能查询到学校的各种方针政策、规章制度和通知等常规信息外，还应包含各种大学生常用的学术、生活社交网络资源，努力把校园网络建设成为一个便于大学生学习、生活的综合性平台。另一方面，多拓展针对学生

的网上服务空间，如开展网上心理咨询、网上就业信息咨询、勤工俭学信息、网上社团活动等，努力利用网络自身具备的优势特征消除某些管理工作或服务在现实操作中的局限性，开创高校学生工作的新局面。例如，大部分心理有问题的学生都不太善于交流和沟通，而网络可以为了解学生心理动态和进行心理咨询提供一个全新的平台。通过网上心理咨询服务，可以消除面对面的尴尬，避免现实交流带来的障碍，可以慢慢地深入问题学生的心里，使其敞开心扉地宣泄内心的情绪问题，从而使教育管理者可以对症下药，准确地引导学生的行为，为更顺利地开展学生心理工作提供良好条件。

（五）注重"网上管理"与"网下管理"的结合

作为一个高校教育管理工作人员，无论信息技术发展如何迅猛，网络技术与高校教育管理工作结合得如何紧密，我们必须明确：教育管理工作不是在做"虚拟世界"的工作，而是在做"虚拟世界"背后的学生主体的工作。利用网络平台开展高校教育管理工作要做到网上管理和网下管理相结合，做到以情感人，以理服人。

同时，加强校园现实的软件和硬件建设，增强现实空间对学生的吸引力。很多大学生沉迷于网络的虚拟空间，主要也是由于在现实世界中，他们的很多想法和诉求都得不到满足，只能在虚拟世界里寻求慰藉。为改变这一局面，学校要多开展受学生欢迎，易于学生接受的校园文体活动，尽可能使所有学生的心理诉求能在现实中得以满足，让他们有平台与机会能各尽其能，从而增强现实校园对学生的吸引力，增强学生的幸福体验。

总之，随着信息化时代的来临，网络已经遍布于人类的生活、学习等各个方面。互联网以其多样的功能，持续地丰富着人类的生活与经验，并以高效的方式传递着各种各样的思想与资讯。所以，高校必然在大学生思想政治工作中扮演着无可替代的角色。目前，由于学生对网络的需求日益增加，加之互联网的强大功能，许多学校都逐步形成了网上平台，并在上述两方面都扮演着无可替代的角色，逐步提高了教学的效率。

第四章
高校教育文化管理创新

第一节 文化和文化管理的内涵及发展过程

什么是文化？随便在网上搜索一下，就可以发现，关于文化的定义有几十甚至上百种，虽然"文化"包罗万象，但不同的定义却又殊途同归地表达着"文化"的基本内涵，即观念形态、精神产品、生活方式这三层含义，具体来说，它包括人们的世界观、思维方式、宗教信仰、心理特征、价值观念、道德标准、认知能力，以及从形式上看是物质的东西，但透过物质形式能反映人们观念上的差异和变化的一切精神的物化产品。大学文化，是大学思想、制度和精神层面的一种过程和氛围；是理想主义者的精神家园，是大学里思想启蒙、人格唤醒和心灵震撼的因素的结合体。大学应该让大学外的人向往，让大学内的人心情激动。大学是一个让我们永远怀念的地方。大学用人文精神培育出全面发展的优秀人才，使其成为民族复兴和文化复兴的中坚力量，大学要引领社会前进。大学文化是知识、能力、人格的升华和结晶。

文化管理就是"人化管理"，就是以人为根本出发点，并以实现人的价值为最终目的尊重人性的管理。这种管理是靠管理主体与管理对象之间所形成的文化力的互动来实现的。文化管理的核心是"以人为本"。

学校文化管理与企业文化管理有着密切的关系，它借鉴了企业文化管理的思想，但是学校文化管理更是其自身内在文化因素发展的必然要求。因为学校本身就是一种文化存在，是一个文化实体，它是以传承和创造文化为己任的，是以文化为中介培养人、塑造人的机构。

学校与文化的关系是其他任何社会要素、社会组织所无法比拟的，在学校管理中，更应当重视文化的因素。学校文化管理是以文化为基础，注重学校文化建设,并利用文化要素和文化资源实施调控的学校管理活动,它具有价值性、伦理性、知识性、人本化、合作性、品牌形象性、整合性等特征。

学校文化是学校的灵魂。学校文化不仅是教师的灵魂,更是学生的灵魂。学校文化建设的核心在于师生的认同,认同的关键是参与。可以说,无论是学生还是教师,如果对自己的学校文化没有清醒的认识,就像身处异国的游子,会产生陌生感和沮丧感,很难学有所成。

回顾改革开放以来学校管理形态的演变过程,大致分为以下两个阶段。

第一阶段是从改革开放到1990年前后。这一阶段的学校管理,用一句话来概括,即"经验型管理"。就是说,在这一阶段,校长对学校的管理主要是凭个人的经验,起决定作用的主要是校长的主观意志及其人格魅力。在教学管理方面,如果校长是业务能手、教学专家,他就办法多,措施多,学校教学质量也就提高较快。在学生管理方面,校长有经验,且办法多,管理就井然有序,校风、学风就好,否则校风、校纪就差。特别是对教职员工的管理,调动教师的积极性,几乎全凭校长的个人魅力。因此,在这一时期,学校与学校之间的差别很大。

第二阶段是从1990年前后至今。这一阶段的学校管理,也可以用一句话来概括,就是"制度型管理"。这一阶段的标志是"校长负责制,教师聘任制,结构工资制",即所谓"三制改革"的提出和实施,其宏观背景是《教育法》《教师法》等一系列教育法律、法规的颁布与实施,"依法治国"理念的提出,教育也提出了依法治教、依法治校的理念,学校开始注意加强制度层面的建设,促使学校管理从经验型向制度化、规范化转化。随着国有企业改革的深入,企业管理的一些新理念引入教育系统,"论资排辈""平均主义"等旧观念受到冲击。

当然,这个阶段各校的管理水平也还是有差别的,但相对于第一阶段来说，已经小了很多。制度是一种相对稳定的形态，不因人事之变而变，一所学校，一种比较完善而可行的管理方略一旦形成，就不会轻易随着校长的变动而变动，或者因校长注意力的改变而改变。

以上两个阶段的划分是相对的。在第一阶段，学校管理不是完全没有制度保障，也不是说制度一点儿不起作用；在第二阶段，不是说学校管理中管理者的经验和个人魅力不重要，不起作用，这里主要是就其主导方面而言的，也就是说，在第一阶段，学校管理中起主导作用的是管理者的经验、意志和个人魅力，而在第二阶段，起主导作用的则是制度。

从上述比较可以看出，与校长个人经验、意志、人格魅力相比，体制更具有普遍性和影响力。

第二节　高校文化管理的特点和意义

一、文化管理和高校文化管理的特点

（一）文化管理的特点

1.管理的中心是人。从科学管理以物为中心转变为文化管理以人为中心，人既是管理的出发点，又是管理的落脚点。尊重人、关心人、培养人、激励人、开发人的潜力，是文化管理的关键。

2.管理的人性假设前提是"善"。科学管理把人看作"经济人"，以"性恶论"为哲学依据；文化管理把人看作"自我实现的人"和"观念人"，以"性善论"为哲学基础。

3.控制方法追求主动。科学管理以外部控制为主，重奖重罚是主要手段；文化管理中心内置，依靠人文关怀等激励手段调动、激活行为主体的内在需求和动力，追求主动发展。

4.管理重点为文治。科学管理直接管理人的行为，职工的一言一行都有制度约束，是典型的法治；文化管理通过管理人的思想（信念和价值观），间接影响人的行为，是一种新的管理方式——文治，即以文化来治理。

5.领导者类型为育才型。在科学管理中，领导者恰如乐队指挥，属于指挥型领导；在文化管理中，领导者既是导师又是朋友，属于育才型领导。

6.激励方式以内化为主。科学管理以外塑为主，依赖于工作的外部条件；文化管理以内在激励为主，着重满足职工的自尊和自我价值实现的需要，依赖于工作本身的魅力。

7.管理特色具有人情味。科学管理的特色是纯理性管理，排斥感情因素；文化管理的特色是将理性与非理性相结合，是有人情味的管理。

8.组织形式具有开放性。在科学管理中，权力结构明确，是"金字塔形"组织；在文化管理中，权力结构模糊，管理者与被管理者更为平等，是平等沟通、自我学习的学习型组织。

9.管理手段具备"软"特征。科学管理是依靠强制性的制度和物质手段的投入；文化管理依靠思想交流，价值观的认同，感情的互动和风气的熏陶，即依靠非强制性和非物质性手段的投入。管理由以硬管理为主走向软硬结合，最终以软管理为主。

10.管理者和被管理者的关系改变为同伴互助。科学管理强调了上级与下级之间的关系，管理者靠制度约束人；文化管理中管理者和被管理者是为了共同的目标而携手并进的，是合作伙伴关系。

（二）高校文化管理的特点

大学既是文化发展的重要成果，又是文化建设的重要载体，作为人才培养的基地，大学理应发挥文化育人作用，为中国特色社会主义事业培养建设者和接班人。作为知识的集散地和思潮的发源地，大学理应成为社会文化的风向标和引领者。在推动社会主义文化大发展大繁荣的进程中，大学一方面要加强自身的大学文化建设；另一方面要承担文化传承创新、文化辐射引领和文化服务支撑的重要使命。突出"以文化人"的教化性，这是大学文化区别于其他文化形态的重要特质；注重主流价值的导向性，这是建设社会主义大学文化的必然要求；建设各具特色的大学文化，这是各个高校张扬个性，增强文化发展生命力的关键所在。

1.教化性。大学以人才培养为天职，大学文化必须始终围绕"育人"这一中心任务展开。大学"以文化人"，即通过文化潜移默化地感染人、熏陶人、教化人，从而达到情感陶冶、思想感化、价值认同、行为养成的功效。按照马克思主义的观点，教育的目的是促进人的全面发展，大学文化育人的过程实际上就是塑造健全人格、开发智力潜能、丰富生命内涵，使受教育者得到自由、全面、完整发展的过程。

2.导向性。文化并非一个中性的概念，其本身具有鲜明的价值取向。当今社会呈现出多元思想文化相互交织、相互激荡的格局，需要一个占主导、支配地位的价值观来引领大学文化建设。在大学文化建设中，必须坚持以马克思主义为指导，坚持不懈地用中国特色社会主义理论体系教育师生，推动中国特色社会主义理论体系进教材、进课堂、进头脑；加强理想信念教育，弘扬以爱国主义为核心的民族精神和以改革创新为核心的时代精神；深入开展社会主义荣辱观教育和社会主义核心价值体系建设，全面加强学校思想道德体系建设。

3.独特性。有个性才有魅力，只有特色鲜明的大学文化才是有生命力的文化。虽然大学精神具有探索真理、崇尚学术、传承文化等共性追求，但由于各个高校文化传统、类型风格各异，社会对大学的需求多样化，因此，必须建设和发展各具个性的大学文化，营造不同类型、不同层次、不同风格的大学文化形态，形成异彩纷呈、和谐互补的整体大学文化格局。多年来，我国不少高校办学定位趋同、办学理念雷同，导致大学文化建设缺乏个性，存在着同质化的倾向，这从反映大学精神文化精髓的校训表述中就可以看出，"求是""创新""厚德"等成为千篇一律的高频词。近年来，扬州大学从发掘历史积淀入手，提炼出"坚苦自立"的校训精神，诠释了100年来扬州大学师生坚韧刻苦、自强不息的风貌品格，强化了学校文化建设的个性色彩与独特魅力。

二、高校文化管理的意义

文化，是一种长期的精神创新和结果。文化是一个国家的根本；文化是一个民族的灵魂。因此，所有的入侵者，都会在占领一座城市后，试图将当地的文化同化。都德著名的《最后一课》讲述了普鲁士人对法国的侵略，从第二天开始，法语就被禁止了。可见，文化的影响力、渗透力之大之强不可估量。

纵观学校发展的历史，正经历着从经验管理、制度管理（科学管理）向文化管理转型的历程。学校文化管理是一种新型的更高级的管理形态，是学校经验管理、制度管理（科学管理）的总结和升华，是管理内容的回归，是与知识经济时代相适应的学校新的管理方式。作为学校管理者，构建校园文化，积极推进学校文化管理具有极其重要而深远的意义。

随着社会主义市场经济体制的建立和完善，学校建设中也逐渐引入了市场力量，学校之间的竞争在逐渐加剧。学校要在竞争中处于优势地位，必须具备某种核心能力，充分发挥文化传承创新功能、文化辐射引领功能和文化服务支撑功能。文化对学校和个人的发展存在的影响可以从深、广、远、忧四种状况来理解。

深：学校文化管理是一种内隐的、深层次的、无形的力量，这种力量决定着学校的改革、发展和成败。文化是根、是魂、是格、是力。学校文化具有导向功能、提升功能、凝聚功能、激励功能和稳定功能，为学校的发展带来动力。

广：文化无处不存在、无人不显示、无事不体现，弥漫在整个学校的全部生活之中，甚至影响到社区文化和城市文化。

远：与生俱在、与校共存、与人同享，学生时代经历先进学校文化的熏陶会一辈子受用不尽。毛泽东同志在湖南省立第一师范学校（今湖南第一师范学院）从师，周恩来同志在南开校园内发出"为中华之崛起而读书"的誓言，是校园文化环境成就了他们思想的精髓。

忧：中国已进入压力社会和消费社会，市场经济急剧发展变化，竞争空前激烈。社会财富增加，但文化价值导向滞后，传统优秀文化消失。先进学校文化建设是学校优质发展的根本，没有文化的学校是另类的薄弱学校。因此，学校文化，即学校的不同追求、不同理想、不同价值取向以及由此形成的不同管理风格、工作方式和生活方式，才是一所学校与其他学校的根本区别。

大学文化的内部功能主要表现为教化育人，大学文化的外部功能则包括文化的传承与创新、传播与辐射、示范与引领、服务与支撑等诸多方面。

第三节 高校文化素质教育的管理现状

目前，我国高校文化素质教育管理机构有以下几种建制：一是管理机构附设在教务处，人员和业务归口于教务处；二是全部归口于学工部门，人员和业务直接设置在学工部下面；三是成立专门的常设机构，直接隶属于学校领导；四是成立学院负责文化素质教育工作，比如，复旦大学的复旦学院、北京大学的元培学院、浙江大学的本科生院、宁波大学的阳明学院、山东理工大学的一年级工作部等。

相对于管理机构的多样化，目前我国文化素质教育课程设置与实施方式也是丰富多彩的。主要有四种形式：一是建立课程系列，推荐必读书目；二是建立模块课程选修制；三是推行课程套餐制；四是结合欧美的通识教育形式、经验与内容，成立文理学院（通识教育学院或本科生院）。

迄今为止，我们的大学生文化素质教育尚未建立一套切实可行、可以推广的评价体系。教育部高等学校文化素质教育指导委员会曾经建立了一套针对设置大学生文化素质教育基地的高校基地评价指标，但是其评估对象是学生文化素质教育基地，而不是对教育的成效进行评价。

总体来看，目前高校文化素质教育管理存在的问题主要有以下几个。其一，管理机构条块交叉。各高校虽然在机构设置上都体现了对大学生文化素质教育的重视，但在具体工作中却存在一定的差别。由于不同的体制与机构有着不同的工作范围、责任定位、职能效力与资源配置，所以，其工作绩效或者说机构的工作能力也是不同的。其二，课程设置与实施方式随意性大。目前的课程设置基本上是从学校和教师的角度出发，较少考虑学生的实际期望，因而难免有些课程学生不感兴趣，也难免有价值不大的课程混杂其中，在课程的构成上科学论证不足，"拼盘"现象明显。学者李曼丽在调查北京大学、清华大学和北京师范大学的文化素质教育课程时发现，这几所大学的课程不同程度地存在种类不合理、内容过于偏向应用型、领域划分普遍缺乏明确标准等问题，特别是普遍较多地强调政治素质的培养，而忽略了最基本的公民素质的培养，道德伦理和社会分析类、科学类课程开设不足，对课程比例的合理性缺乏深入的探讨。其三，课程内容存在知识化倾向。高校大多以掌握知识的数量来考虑课程的价值，以知识体系的选择来代替课程体系的设计，造成了知识量太大而课时有限的困境。其四，评价体系不完善。现有的以学校为单位的评价体系存在各自为政、各有侧重的特点，尤其受到行政力量与个人好恶以及传统思维的影响。

第四节 高校文化管理的举措

针对高校文化素质教育管理存在的问题，相对于学校硬环境建设和制度建设，学校文化建设具有看不见、摸不着的隐性特点，需要我们做出更加艰巨、更加长期的努力。

学校文化与制度管理是有机统一、互为补充的。做管理工作最终的落脚点是人的思想问题。严格管理的规范制度能否落实到位，取决于人的思想高度和认识程度。学校文化必将为制度管理提供一个人文环境。

可以说，文化与制度的关系，如道德与法律的关系，学校文化是学校制度的有益补充，两者相互统一。总之，学校文化的出现和完善不仅是学校发展的必然，也将是传统教育方式向素质教育方式转变的必由之路。这种文化又是人的文化，是以人为本的文化，突出"人文""人本""人情""人性""人权"在管理中的作用，从而形成一个强大的"磁场"。它是弥漫在空气中的一种精神存在，或见于谈吐，或形于笔端，形成学校管理的文化，即所谓的管理文化。校园文化建设在学校管理主要从以下几方面来展开。

一、用物质文化陶冶人

校园物质文化是大学的外在文化，是指以特定的文字符号作为载体，把学校的精神体现在各个标志物上，如校服、校歌、校报、雕塑、学校建筑、艺术节、文化墙、名言警句等，是思想文化、制度文化赖以生存发展的基础和载体，有利于陶冶师生的情操。

优美的校园环境有着春风化雨，润物无声的作用，如诗如画的校园风光，干净整洁的校园环境，美观科学的教室布置，文明健康的文化教育设施等，无不给学生以巨大的精神力量；学生在优美的校园环境中受到感染和熏陶，触景生情，因美生爱，从而激发学生爱学校、爱教师、爱同学、爱家乡、爱祖国的高尚情操。所有这些都有利于学生正确的世界观、人生观、价值观的形成。

二、用制度文化规范人

学校制度文化是大学师生在交往中形成的各种社会关系及其调节的规范体系。高校校园制度文化是高校思想文化的重要组成部分，它直接关系到高校的健康运作与创新发展。建立和完善校纪校规，营造良好的校风，既是加强校风建设，又是增强校风效能的保证。制度文化具有引导和规范、稳定性和发展性、科学性和教育性等特点。

三、用思想文化凝聚人

校园思想文化是指学校在长期办学过程中形成的一种学校意识和文化观念，它是一种深层次的校园文化，是校园文化的灵魂，主要体现在班风、校风的建设上。班风、校风看不见、摸不着，但它渗透表现在校园内多种文化载体及其行为主体的身上，让人时时处处切实感受到它独特的感染力、凝聚力、震撼力。置身其中，受教育者无须教育者更多的说教便会自然而然地、不知不觉地感悟它对心灵的净化和对情感的熏陶。校园文化是校园文化的一种内在文化，它是通过对物质文化、制度文化、行为文化的长期积累、整合、提炼而成的，它是体现了广大师生员工共同的理想目标、文化传统、学术风范和行为规范的价值观体系，难以用文字、符号表达出来。高校思想文化是学校整体面貌、水平、特色、凝聚力、感召力、活力的集中体现。

校园思想文化作为一种强大的教育力量，对广大师生的健康成长有着巨大影响：一是导向功能，即指导个人正确认识和处理个人与学校组织的关系，把个人行为引导到学校组织目标上来，使他们向着学校期望的方向发展；二是凝聚功能，即思想文化起着心灵黏合剂的作用，它把各个方面、各个层次的人都聚合到一起，使师生员工对学校产生一种使命感、自豪感、归属感，形成强烈的向心力、凝聚力和群体意识；三是激励功能，即思想文化往往能产生一种激励机制，激起校园人的积极性、主动性与创造性，使学校成员保持高昂的情绪和奋进精神，获得各种精神需求的满足；四是控制功能，即思想文化具有强大的心理制约力，使校园人接受必要的约束，使个体行为符合共同的准则；五是辐射功能，即校园思想文化以其独特的方式，在向师生教育、影响的同时，也对周边及社会产生影响。

学校文化与制度管理具体包括校长文化管理、教师文化管理、学生文化管理、物质文化管理和精神文化管理五个方面。此外，还有教室文化管理、教研组文化管理、宿舍文化管理、食堂文化管理等。

第五章
高校思想政治教育管理创新

第一节 新时代高校思想政治教育管理的意义

一、加强党对高校的绝对领导，牢牢把握意识形态工作的主动权

一是切实加强党对高校思想政治工作的全面领导。中国特色社会主义最本质的特征是中国共产党领导，中国特色社会主义制度的最大优势是中国共产党领导，党是最高政治领导力量。新时代党的建设总要求，突出了政治建设在党的建设中的重要地位。坚定不移地走中国特色社会主义教育发展道路，就必须坚持党对教育事业的全面领导，坚持马克思主义指导地位，坚守"立德树人"的根本任务。高校在办学方向、育人标准、发展稳定等重大问题上要与党中央保持高度一致，牢固树立"四个意识"，坚定"四个自信"，坚决做到"两个维护"。始终贯彻党的教育方针，坚持社会主义办学方向，以立德树人为根本任务，努力培养社会主义事业合格建设者和可靠接班人。要坚持党委领导下的校长负责制，发挥好党委总揽全局、协调各方的领导核心作用，要做到党的组织、党的工作、党的活动在学校全覆盖。切实把思想政治工作作为一项重大的政治任务和战略工程抓实抓好。

二是高校应牢牢掌握意识形态工作的主动权。意识形态工作是党的一项极端重要的工作，关乎旗帜、关乎道路、关乎国家政治安全，在党和国家事业发展中具有根本性、战略性、全局性的地位和意义。在世界多极化、经济全球化、文化多样化、社会信息化深入发展的大背景下，意识形态问题和挑战更加不容忽视。如何在新媒体全媒体大数据时代创

新宣传管理方式、有效实现党管媒体，维护好意识形态安全等，要求要把意识形态工作的领导权、主动权牢牢掌握在手中。党的十八大以来，以习近平同志为核心的党中央，从党的前途命运、国家的长治久安和民族凝聚力、向心力的高度，对意识形态工作做出许多具有深远影响的决策部署。核心价值观是主流意识形态的本质体现，让社会主义核心价值观内化于心、外化于行，成为全体人民的共同价值追求。因此，要以高度的政治使命感、责任感，把高校党的意识形态工作做好，牢牢掌握意识形态工作的领导权和主动权，唱响时代主旋律，用发展着的马克思主义指导新的实践。

三是高校要坚持把立德树人作为根本任务，把思想政治工作贯穿教育教学全过程，实现全员育人、全过程育人、全方位育人。党的十八大以来，全国高校对思想政治工作的重要性、根本性、战略性认识不断深化，全员育人、全过程育人、全方位育人作为新时代高校立德树人重要理念的贯彻落实不断加强，体现了新时代高等教育立德树人的内在要求，顺应了人才培养的发展趋势，契合了高校思想政治工作的发展规律。与此同时，要加强意识形态队伍建设，意识形态工作要做好做强，队伍建设占有重要位置，高校党的组织要切实履行好管理意识形态工作队伍的责任。

二、新时代高校思想政治教育的新目标

一是高校思想政治教育的首要使命就是用习近平新时代中国特色社会主义思想武装全体师生，激励广大师生为加快一流大学和一流学科建设，实现高等教育内涵式发展砥砺奋进。深刻理解习近平新时代中国特色社会主义思想的指导意义、历史地位、丰富内涵、精神实质和实践要求，学习领悟其中蕴含的新理念新思想新观点新论断，切实做到学懂弄通做实，不断提升政治政策水平和思想理论水平。要深切体悟习近平新

时代中国特色社会主义思想的价值意蕴，既要着重学习其中贯穿的马克思主义立场、观点和方法，又要切实领会其所体现出的政治立场、使命意识、担当精神。要坚守中国共产党的精神支柱和政治灵魂，补好理想信念之"钙"，解决好世界观、人生观、价值观这个"总开关"的问题，自觉做共产主义远大理想和中国特色社会主义共同理想的坚定信仰者、忠实实践者。

二是要全面贯彻党的教育方针。党的十九大报告中指出："要全面贯彻党的教育方针，落实立德树人根本任务，发展素质教育，推进教育公平，培养德智体美全面发展的社会主义建设者和接班人。"这是新时代赋予高校思想政治教育的重要使命。要深入理解立德树人的深刻蕴含，坚守中国特色社会主义大学的立身之本。新时代坚持立德树人，就要坚持社会主义办学方向，坚持以马克思主义为指导，全面贯彻落实党的教育方针，切实加强和改进高校思想政治工作，帮助师生掌握科学的世界观和方法论，提高运用马克思主义的立场观点、方法认识和改造世界的能力，为完成人才培养、科学研究、社会服务、文化传承创新、国际交流合作重要职责努力奋斗。要把立德树人作为中心环节，把思想政治工作贯穿教育教学全过程，实现全员育人、全过程育人、全方位育人。围绕学生、关照学生、服务学生，针对学生的思想实际开展教育工作，关注学生合理诉求，帮助学生化解矛盾摆脱困境，服务于学生的成长成才。要加强人文关怀和心理疏导，从优良校风和学风抓起，注重培育青春、健康、向上的心态，为学生成长营造良好的育人环境和发展空间。

三是要坚守立德树人的根本价值取向，提升学生的思想政治素质。培养担当民族复兴大任的时代新人。正确的政治立场、宏远的志向抱负、高尚的道德情操和坚定的理想信念是大学生全面发展的价值要义，更是高校思想政治教育的价值目标。引导学生正确认识世界和中国发展大势、中国特色和国际比较、时代责任和历史使命，增强在复杂的国际国内环境中辨明方向、看清趋势、把握未来的能力，让学生筑牢其对中国特色社会主义的思想认同和情感认同，在社会实践中引导大学生立鸿鹄志、做奋斗者。自觉将个人的理想追求融入国家和民族的事业中，把远大抱负落实到实际行动中，勇做走在时代前列的奋进者、开拓者。

三、新时代对高校思想政治教育提出了新要求

一是高校承担着"立德树人"的使命和"为谁培养人"的责任。习近平总书记在全国高校思想政治工作会议上强调，高校思想政治工作关系高校培养什么样的人、如何培养人以及为谁培养人这个根本问题。"要坚持把立德树人作为中心环节，把思想政治工作贯穿教育教学全过程，实现全过程育人、全方位育人"，坚持落实"立德树人"根本任务，把思想政治工作贯穿学校教育教学全过程。首要的就是要坚持党对教育事业的全面领导，落脚点就是要坚守"立德树人"的根本任务。只有这样，才能解决好"培养什么人、怎样培养人、为谁培养人"这个根本问题，才能完成和实现"培养德智体美劳全面发展的社会主义建设者和接班人"的教育目标任务。

二是要突出抓好教师这个关键，引导广大教师以德立身、以德立学、以德施教，既做"有理想信念、有道德情操、有扎实学识、有仁爱之心"的"四有"好老师，又符合"政治要强、情怀要深、思维要新、视野要广、自律要严、人格要正"的"六要"新要求，发挥"每位老师都是思政教育的实施者"的作用，帮助大学生"扣好人生第一粒扣子"。要着重抓好学生这个主体，强化"以学生为中心"的理念，着力解决大学生思想政治工作中反映的倾向性问题，把总体上的"漫灌"和一人一事的"滴灌"结合起来，在解疑释惑、凝聚共识中不断给学生以思想启迪和文化滋养，培育德才兼备、全面发展的人才。

三是要以人为本，突出学生这个主体。建设世界一流大学和一流学

科是各高校不断提升人才培养质量、完善现代化教育教学的目标。青年学生是时代变化的"晴雨表"和生力军，始终充满生机和活力。习近平总书记在清华大学考察时强调："广大青年要肩负历史使命，坚定前进信心，立大志、明大德、成大才、担大任，努力成为堪当民族复兴重任的时代新人，让青春在为祖国、为民族、为人民、为人类的不懈奋斗中绽放绚丽之花"，"未来属于青年，希望寄予青年"。新时代思想政治教育正是为了让中华民族伟大复兴的接力跑后继有人，让青年学生在接续奋斗中践行"请党放心、强国有我"的青春誓言。

第二节 高校思想政治教育管理的内涵和特点

一、深刻领会新时代高校思想政治的丰富内涵和鲜明特点

一是重视高校思想政治教育是中国共产党治国理政的政治优势，高校思想政治工作关乎育人根本。"立德树人"是高校的根本任务，习近平总书记指出，培养什么人，是教育的首要问题。高校必须把思想政治工作贯穿教育教学全过程，在坚定理想信念、厚植爱国主义情怀、加强品德修养、增长知识见识、培养奋斗精神、增强综合素质等各方面下功夫。坚持党对高校的全面领导，保证我国高等教育发展方向同我国发展的现实目标和未来方向相一致，为人民服务，为中国共产党治国理政服务，为巩固和发展中国特色社会主义制度服务，为改革开放和社会主义现代化建设服务。办中国特色社会主义高校，就是要解决好为谁服务的问题。因此，高校思想政治教育关系着"高校培养什么样的人、如何培养人以及为谁培养人"这个根本问题，归根结底就是实施铸魂育人工程，即用

马克思主义及其中国化理论成果武装头脑、铸造信仰、引领价值，教育引导青年大学生自觉地把个人的理想信念同时代的要求结合起来，同国家、民族的前途命运结合起来。这是加强和改进高校思想政治教育的根本，是党的十八大以来高校思想政治教育创新发展的主线，体现着新时代高校思想政治教育创新发展的鲜明特征。

二是高校思想政治具有鲜明特点。高校思想政治教育的最终目标是帮助学生树立正确的价值观念和坚定理想信念。整合育人资源，协同发展。高校思想政治教育创新发展的鲜明特征体现在"十大"育人体系的丰富内涵上。如"课程育人"推动以课程思政为目标的课堂教学改革，实现思想政治教育与知识体系教育的有机统一；"科研育人"旨在通过科学研究这一具体教育教学活动，引导学生树立正确的研究价值取向、学术发展方向；"实践育人"着力优化实践活动设计，教育引导学生增强实践能力、培养创新精神；"文化育人"注重以文化人、以文育人，滋养学生心灵、涵育学生品行、引领社会风尚；"网络育人"明晰用好网络载体，推动思想政治工作传统优势同信息技术高度融合；"心理育人"侧重育心育德的有机结合，着力培育学生理性平和、积极向上的健康心态；"管理育人"关注管理的道德涵育功能，营造治理有方、管理到位、风清气正的育人环境；"服务育人"即指积极回应、有效解决学生的合理诉求和实际问题，在关心、帮助、服务中教育人、引导人；"资助育人"强调构建以物质帮助、道德浸润、能力拓展、精神激励为主旨的育人长效机制，培养学生懂自强、讲诚信、知感恩、勇担当的良好品质；"组织育人"明确高校各类组织的育人职责，把思想政治教育贯穿各类组织的工作和活动中，促进学生健康成长、全面进步。总的来说，"十大"育人体系整体上兼顾了大学生学习、生活、实践等各方面，将思想政治教育融入高校人才培养、科学研究、社会服务、文化传承创新等场域。全面、系统地整合了高校育人要素，有力地促进了高校思想政治教育联动协同、提质增效。

二、高校思政课是全面贯彻党的教育方针、落实立德树人根本任务的主要渠道和核心课程

作为大学生的必修课，承担着对大学生进行系统的马克思主义理论教育的任务，是全面贯彻党的教育方针、落实立德树人根本任务的主要渠道和核心课程，是加强和改进高校思想政治工作、实现高等教育内涵式发展的灵魂课程，在提升大学生综合能力素养方面发挥着主导性的作用。同时强调"六个下功夫"：要在坚定理想信念上下功夫、要在厚植爱国主义情怀上下功夫、要在加强品德修养上下功夫、要在增长知识见识上下功夫、要在培养奋斗精神上下功夫、要在增强综合素质上下功夫。切实履行高校思想政治工作的使命，用社会主义核心价值观教育引导学生扣好人生的第一粒扣子。高校思政课是提高大学生思想政治素质和道德品质的主要阵地，是帮助大学生形成正确的世界观、人生观、价值观的重要途径。高校思政课实践教学引导大学生用马克思主义中国化最新成果武装头脑、指导实践，进一步突出了大学生的主体地位，发挥了大学生的主体作用，提高了大学生的政治鉴别力，增强了大学生的政治敏锐性，引导大学生为实现中华民族伟大复兴的中国梦而不懈奋斗。以实践基地建设为抓手，有效地发挥好"社会大课堂"的实践育人作用，提升大学生将相关理论知识外化于行的能力。

三、高校思想政治教育在发挥思政课理论教学作用的同时，注重思政课的实践教学

高校思政课实践教学借由生产、生活、学习实践帮助大学生更好地认识世界并改造世界，同高校日常思想政治教育工作一道，作为高校思想政治教育的重要环节，彼此相互作用、互为补充，进而促进大学生形

成正确的道德规范和行为准绳。高校思政课实践教学是指学生在教师的指导下，以实践操作为主，采取原著阅读、研究讨论、社会调查、志愿服务、公益活动、专业课实习等方式，有组织、有计划地获得知识、增强能力和素质的一系列教学活动。通过理论学习，引导学生结合所学观察、分析、思考，并解决实际生活中的问题和矛盾，理论阐释能力、社会实践能力、网络行为能力都会得到不同程度的提高，进而促进大学生全面发展。在实践中实现磨炼大学生意志品质、培养大学生工匠精神、涵养大学生家国情怀的教学目标，由此进一步提升我国高等教育质量。

高校思政课实践教学有助于坚守社会主义意识形态主阵地，是有效抵制错误思想观念的重要武器。坚持社会主义办学方向是办好我国高等教育的重要前提。高校思政课实践教学坚持理论联系实际，始终坚持马克思主义指导地位，传播社会主义先进思想文化，借由案例教学、社会调查、实地考察等方式，引导大学生结合世界和中国发展大势、中国特色和国际比较等现实情况深入辨析各种社会思潮、价值观念，引导学生既要看到社会主义事业当前面临的困难和挑战，也要看到社会主义现代化建设和改革开放取得的辉煌成就，坚持马克思主义在高校意识形态领域的指导地位。同时，坚持用社会主义核心价值观引领社会思潮，凝聚大学生共识，引导大学生自觉抵制错误思想观念。

高校思政课实践教学与现实社会密切联系，直接关系到思政课的目标实现和价值内化。为提升思政课教学的针对性和实效性，实践教学必须遵循"思想政治教育工作规律、教书育人规律、学生成长规律"三大规律。高校思政课实践教学传统上以研究讨论、社会调查、志愿服务、专业实习等方式为主，"互联网+"时代思政课实践教学方法、教学形式、教学理念等不断创新，在组织大学生参与社会实践活动的同时，将理论知识连同观察、体悟一起"内化"，再借由实践"外化"为大学生日常行为规范。伴随着高校思政课的建设和改革,高校思政课实践教学的作用和实效日益凸显,内涵日益拓展。

第三节 高校思想政治教育管理的方式方法

一、要遵循加强和改进高校思想政治工作的基本原则办学治校

坚持党对高校的领导,坚持社会主义办学方向,坚持全员全程全方位育人,坚持遵循教育规律思想政治工作规律学生成长规律。中共中央、国务院印发了《关于新时代加强和改进思想政治工作的意见》强调思想政治工作是党的优良传统、鲜明特色和突出政治优势,是一切工作的生命线。在学习贯彻落实的过程中,我们要自觉运用辩证唯物主义原理,以全局观念、系统思维分析当前高校思想政治工作面临的形势,按照时代新人培育工程的要求,突出学校思想政治教育工作这个主线,培养德智体美劳全面发展的社会主义建设者和接班人,推动新时代高校思想政治工作守正创新、不断发展。一是培养德智体美劳全面发展的社会主义建设者和接班人。自觉承担起举旗帜、聚民心、育新人、兴文化、展形象的职责使命。培养堪当民族复兴重任、德智体美劳全面发展的社会主义建设者和接班人,引导学生立大志、明大德、成大才、担大任,不断增强做中国人的志气、骨气、底气,引导学生成长为德才兼备、全面发展的人才。二是加强思想政治工作体系建设,使立德树人通过卓有成效的思想政治工作内化到大学建设和管理的各领域、各方面、各环节,深化全员、全过程、全方位育人体制机制,深入推进"三全育人"综合改

革，按照强化党的领导、优化育人协同、完善评价机制、落实精准思政的总体目标推动思想政治工作质量提升，将思想政治工作与学校事业发展、与学生成长过程、与教师教书育人结合，全面提升育人成效。三是要认真学习习近平新时代中国特色社会主义思想和党的百年奋斗的成功经验。坚定学生的理想信念，筑牢信仰之基、精神之基。善用课堂教学主阵地，从"大思政"格局的理念出发，将学校各部门、各单位的育人力量和各领域、各方面的育人资源都纳入思想政治工作的范围之中，形成育人氛围和育人合力。

二、转变观念，更新管理理念

一是坚持全员育人、全过程育人、全方位育人理念。习近平总书记指出，做好高校思想政治工作，要因事而化、因时而进、因势而新。遵循思想政治和学生成长规律，建立全员、全过程、全方位育人工作体系。把握时代的脉搏，与学生思想共振。建立全员、全过程、全方位育人工作格局。着力提高党的基层党组织做思想政治工作的能力，整体推进高校党政干部、学生管理干部、思想政治理论课教师、辅导员等队伍建设，将全员育人、全过程育人和全方位育人落实落细。有效聚合了课程、科研、实践、文化、网络、心理等育人主体力量，聚力各领域资源，使全员育人力量有机整合、合力协作，全过程育人有效对接、贯穿始终，全方位育人有序渗透、同心同向。促进学生思想道德素质提升，促进学生全面发展。高校管理的主要立足点和落脚点，应放在人的全面发展上，培养德智体美劳全面发展的人才。

二是创新方法，形成高校思想政治工作管理要形成"点、面、线"多角度、多辐射的育人格局。勇于创新，在润物无声实现"立德树人"育人效果。树立"育人为本，德育为先"的观念，在传授专业知识的同时注重价值引领，强化道德观念，引导学生不断增强"四个意识"、坚定"四个自信"、做到"两个维护"。培养学生坚定的政治立场，积极挖掘专业课程中蕴含的思想政治教育元素，把专业知识和理论知识结合起来，培养学生家国情怀、文化素养、法律意识、道德修养等。要打通"最后一公里"，推进思政课程与课程思政目标一致、同向同行、协同育人。

三是积极挖掘优秀校友、社会贤达等人力资源，共同加入育人队伍，形成育人合力。思想政治工作如何"贯穿教育教学全过程，实现全过程育人、全方位育人"，需要在体制机制方面创新，构建全员、全过程、全方位育人工作体系。共同发力，实现全覆盖，确保思想政治工作不留死角。思想政治教育的施教主体不仅仅是思政课教师和辅导员，全校教职员工都应承担起思想政治教育的艰巨重任，发挥好管理育人、服务育人的积极作用。高校各级党委应在建立"全员育人"队伍中发挥主导作用。一方面，摸清学生的思想，以学生需求和导向为切入点，抓实"全过程育人"。大学生思想政治教育工作从学生上大学、新生第一课开始，认真把握和积极回应学生的合理诉求，因势利导地开展教育工作，精心设计全过程育人时间表、路线图。将全方位育人工作落实、落细，既是贯彻落实以下简称《实施纲要》的重要举措，也是助力大学生成长成才的有效路径。可以以《实施纲要》为基准，围绕课程、科研、实践、文化、网络、心理、管理、服务、资助、组织等"十大育人"体系的实施内容、载体、路径和方法，设计全方位育人"菜单"。另一方面，以明确具体、接地气的方式传播时政热点，社会关注点等。传递思想、传授知识、表达情感，及时与学生进行对话式交流，引导学生思维、激发学生兴趣。充分调动组织、宣传、学工、团委、工会、行政管理等多个部门的工作积极性。调动各个方面的积极因素，形成齐抓共管的合力，突出和增强管理的最大效应。

三、加强高校思想政治队伍建设，有效发挥高校辅导员的作用

在思政教育教学过程中，高校辅导员与大学生皆处在主体位置，是两个主体相互间存在的关系。现代大学生向往理想、自由，渴望成长发展，正处在三观养成与变化的重要阶段，具备极强的可塑性与创造性。而高校辅导员已具备一定程度的知识储备量，有一定的社会经验、具备了一定的管理能力，是现代大学生思政教育与管理工作的重要组织人员、实施人员以及指导人员。

一是要明确和了解高校辅导员开展思想政治教育工作的特点。辅导员是开展大学生思想政治教育的骨干力量，是高等学校学生日常思想政治教育和管理工作的实施者、指导者。辅导员应当努力成为学生成长成才的人生导师和健康生活的知心朋友。辅导员开展思政教学工作，对提升大学生思想品德与道德素养具有非常重要的价值作用。高校辅导员开展思政教育的九大职责是：思想政治教育、党团和班级建设、学业指导、日常事务管理、心理健康教育与咨询、网络思想政治教育、危机事件应对、职业规划与就业指导、理论和实践研究。

二是要提高高校辅导员服务学生的水平。坚持以人为本的基础原则。以人为本是我国社会发展观的中心，也是思政教育的重点所在。注重坚持以人文本，即要求高校辅导员和大学生创建平等和谐的师生关系。

三是全面了解大学生日常生活，进入教室、学生公寓、食堂等，注重语言沟通的艺术性，与学生心灵展开对话、灵魂进行碰撞，从而真正走进大学生的生活世界和精神世界。

四是有效发挥价值的引导作用。辅导员工作的要求是必须恪守爱国守法、敬业爱生、育人为本、终身学习、为人师表的职业守则；围绕学生、关照服务学生，把握学生成长规律，不断提高学生思想水平、政治

觉悟、道德品质、文化素养；引导大学生正确认识世界和中国发展大势、正确认识中国特色和国际比较、正确认识时代责任和历史使命远大抱负和脚踏实地，成为又红又专、德才兼备、全面发展的中国特色社会主义合格建设者和可靠接班人。由于辅导员工作模式比较繁杂、工作时间的连续性较长、工作难度和压力都比较大，要加强和重视辅导员工作，对辅导员关心关爱，进一步建立健全辅导员工作的培养和激励机制。

第四节 高校思想政治教育工作的实践路径

重视思想政治理论课社会实践教学，有效发挥"三个作用"。高校思想政治理论课是对大学生进行思想政治教育的主渠道，对大学生世界观、人生观、价值观的形成有着不可替代的作用，重视思想政治理论课社会实践教学环节，是思想政治理论课课程性质的内在规定，是教学素质化趋势、实效性提升的必然要求。符合思想政治理论课教学规律和大学生思想品德形成发展规律。为了进一步加强思想政治理论课的教学效果，针对有的学生认识上的模糊和传统教学手段、方式的单一，湖南省中医药大学立足践行、创新、深挖主题，根据大学生成长的需要，按照"贴近实际、贴近生活、贴近学生"的要求，围绕增强"针对性、实效性"和"吸引力、感染力"，充分发挥学校中医药专业的特色特点，发挥两个基地的作用，求认识之深、权意义之重、务工作之实，在意识形态的引领、德育教育的感化、中医药文化的渗透方面，进行了一系列大胆的探索，成为学校思想政治理论课实践教学中的一道亮丽风景线。

一、提高政治站位，强化政治意识，积极发挥意识形态的"引领作用"

高校是人才培养的重要基地，是意识形态工作的前沿阵地。学校高度重视思想政治理论教育教学工作，坚定不移地用中国特色社会主义理论体系武装头脑，坚持不懈地用社会主义核心价值观凝聚人心，努力使学校领导班子成为意识形态工作的有力组织者，使广大教师成为社会主义核心价值观的自觉传播者，使全体大学生成为中国特色社会主义的坚定信仰者。

一是整合思想政治理论课程实践资源，打造思想政治教育"大实践"系统。崇高信仰、坚定信念从来不会自发产生，而是在反复学习中习得的。为了用科学理论武装大学生头脑，我们不仅要重视思想政治理论课课堂教学工作，而且还要重视打造思想政治理论课社会实践活动的系统工程，更好地发挥"合力"作用。如湖南省中医药大学，他们依据思想政治理论课开课的基本顺序和教学任务，统筹安排各门课程的社会实践教学，组织编写《让青春的理论之光闪耀——高校思想政治理论课社会实践教学指南》。根据教学内容、学生特点及实践教学时数，以项目形式为主设计系列内容，在任课教师、学生辅导员等的指导下，采取以学生个人、小组、寝室等分散活动与班级或年级活动相结合的方法，开展多种形式的社会实践活动，并要求学生将社会实践的成果完整地记录保存下来。该校思想政治理论课部组织编写的《实践教学指南》囊括了多种既能达到思想政治教育效果，又能吸引学生参加的典型活动。《思想道德修养与法律基础》社会实践活动包括："我的大学生活规划"制定活动、"读红色经典·树理想信念"读书活动、"寻找身边的雷锋·做爱心传递的志愿者"、"今日说法"案例评析、班级活动或团日活动策划。《中国近现代史纲要》社会实践活动包括："爱国主义电影"赏析活动、"我最喜欢的一部近现代史名著"读书活动、"寻访革命足迹·认识两个必然"社会考察活动。《马克思主义基本原理概论》社会实践活动包括："读经典名著·感悟伟人思想"读书活动、"读中医经典，解哲学道理"研究性学习活动、"读新闻看政策做提案，巧用历史唯物主义"研究性学习活动、"观全球经济风云·看当代资本主义"讨论会、"天行健，君子以自强不息"演讲活动。《毛泽东思想和中国特色社会主义理论体系概论》社会实践活动包括："伟人的引领·光辉的历程"自主研究学习活动、"时事周报"新闻速评活动、"关注祖国·走进社会"社会调查活动、"明辨网络舆情·分清是非曲直"小型辩论赛、"传播特色理论·服务祖国人民"社会宣讲活动、"实施民生工程·织就和谐画卷"板报展示活动、"高举伟大旗帜·勤学特色理论"知识抢答赛。这些实践活动形式多样、方法灵活，充分发挥了学生的积极性、主动性、创造性，深受学生欢迎。

二是深化马克思主义信仰教育，积极引导学生辨别错误思潮。新媒体时代，错误思潮抢占意识形态阵地，与马克思主义主流意识形态争夺话语权。为了用科学理论武装学生头脑，我们要深入开展马克思主义信仰教育，积极引导学生辨别错误思潮。我们在高校思想政治教育管理方面要多开展如下几项工作：第一，加强马克思主义理想信念教育。可以通过组织讲座形象，致力于提升大学生的理论水准，把马克思主义理想信念教育落到了实处。第二，引导学生批判分析西方思潮。在经济全球化背景下，西方思潮借助互联网等新媒体纷纷登台亮相。为强化"政治意识、政权意识、阵地意识"，我们要求教师在课堂讲授环节和课后实践环节贯穿西方思潮批判内容，注重提高大学生对西方思潮的甄别、批判能力。例如，《思想道德修养与法律基础》课程主要引导学生批判民粹主义、宪政思潮；《马克思主义基本原理概论》课程主要引导学生批判实用主义；《中国近现代史纲要》主要引导学生批判历史虚无主义；《毛泽东思想和中国特色社会主义理论体系概论》主要引导学生批判历史虚无主义、新自由主义、社会民主主义；等等。第三，引导学生积极响应"阳光跟帖"行动，引导学生在网络世界中理性发言。我们要求学生正确认识网络道德，倡导文明理性发帖、防范网络暴力、识别网络谣言、举报有害信息、提升网络媒介素养和公德意识等内容，倡导广大学生以社会主义核心价值观为标尺，理性评论、文明跟帖，壮大跟帖评论正能量，改善跟帖评论生态，形成人人争做"中国好网民"的良好评论氛围。

三是重视思想政治教育对大学生心理健康的积极影响，培育身心健康的人才。大学生心理健康工作历来是很多高校高度重视和重点打造的特色项目。一方面，我们依托各自的专业特色，联合心理健康教研室和团委、学生工作处等有关部门，发掘自身学科优势，针对四季更替与五脏的关系及其对情志的影响，打造"四季养心"心理健康服务项目。另一方面，我们高度重视思想政治素质对心理健康的正面影响，要求思想政治理论课教师积极参与学生心理健康工作。主要内容是引导大学生正确认识社会发展规律，认识国家的前途命运，认识自己的社会责任，引导大学生通过树立正确的世界观、人生观、价值观坚定自信心，为人生提供导向，也为其心理活动提供定位系统，从而提高心理素质，保持心理健康。

二、构建三大德育答辩体系，打造理论与实践育人新平台，积极发挥德育教育的"感化作用"

德育是大学教育的灵魂，是培养社会主义合格建设者和可靠接班人的保证。推进高校德育教育改革创新是思想政治理论教育教学和人才培养的重要职责，湖南省中医药大学坚持探索和实践大学生德育教育，经过多年的实践、探索和积淀，于2006年构建并全面启动了"新生德育答辩、学生党员干部德育答辩、毕业生德育答辩"三大德育答辩体系项目。项目依托人文信息管理学院、思想政治理论课部学科专业优势，邀请思想政治理论课教师全程参与德育答辩活动,着力打造理论与实践相结合的育人新平台,充分发挥思想政治理论课教师的理论引导作用,在推进高校学生德育教育改革创新方面取得显著成绩。

(一)三大德育答辩体系的基本构架

三大德育答辩体系,注重全员、全方位、全过程、多层次地对学生进行因材施教和跟踪培养,将实践教学的触角深入到学生的实际生活当中。内容以多个教育活动为铺垫,以德智体美多种教育形式为依托,以"新生德育答辩、学生党员干部德育答辩、毕业生德育答辩"为核心,以弘扬社会主义核心价值观为主题,以加强大学生德育教育为目标,努力打造理论与实践育人新平台,增强思想政治理论课对大学生的感染力和渗透力。三个答辩体系又分为多个教育活动,从多方面、多层次增强大学生社会主义核心价值观的教育。

(二)三大德育答辩体系的实施情况

三大德育答辩体系在湖南中医药大学实施近10年,主要分为以下三个阶段。

1.试点探索阶段(2006—2010年)。人文信息管理学院2006年被学校确定作为探索推进高校学生德育教育改革创新试点学院后,连续四年组织开展了新生成人仪式、新生德育答辩、党员干部答辩和毕业生答辩等活动,对三大德育答辩体系构建的操作模式、整体愿景做深入探索,形成了较为系统地工作计划和实施方案。2010年,学校结合人文信息管理学院德育答辩的经验,将开展三大德育答辩体系活动以文件形式下发至各学院,在全校全面开展三大德育答辩体系活动。

2.精品建设阶段(2010—2014年)。2010年,依托试点探索阶段成效申报的《构建三大德育答辩体系——打造校园文化建设新平台》项目获批2010年度湖南省校园文化精品建设项目立项,三大德育答辩体系开始精品化实施阶段。学校各学院在学生工作部、社会科学部的协助下广泛开展德育答辩活动,2012年项目顺利通过省委教育工委组织的验收结项并被评定为优秀。

3.示范推广阶段(2014—2017年)。在前两个阶段工作基础之上,学校申报的《三大德育答辩体系的构建与实践》项目于2014年6月获得湖南省普通高校大学生思想政治教育示范项目立项,项目以湖南中医药大学为示范校,以湖南师范大学、长沙理工大学、湖南农业大学为建设校。目前示范项目各项工作进展顺利,已于2015年12月通过中期阶段建设验收。

(三)三大德育答辩体系的创新与特色

一是形成了高校学生德育教育的新模式。整合了多种教育形式,挖掘了多种教育资源,增添了爱校荣校、创先争优、感恩奉献的庄重仪式。整合了校内外的有效资源,邀请了以思想政治理论课教师为主、学生家长、用人单位代表等作为答辩评审委员会委员,形成强大的教育合力。形成校内校外、学校社会、老师学生相互配合、互为补充、共同发展的德育教育新模式。

二是探索出高校学生德育教育的新途径。三大德育答辩体系围绕学生从新生入校教育到毕业教育,分阶段有针对性、实效性、创新性地开展工作,注重全员、全方位、全过程、多层次地对学生进行因材施教的跟踪培养,充分发挥了思想政治理论课教师、辅导员及学校其他学工干部育人合力,探索出一条可推广的德育教育新途径。

三是打造了理论与实践育人新平台。三大德育答辩体系以弘扬社会主义核心价值观为主题,将较为枯燥单一的思想政治理论课堂教育通过学生喜闻乐见、生动活泼的形式和活动平台灌输给学生,使学生乐于接受、收获颇丰。这也是三大德育答辩体系在学校实施近10年经久不衰、永不褪色的魅力所在。

(四)三大德育答辩体系的主要成果

学校依托三大德育答辩体系开展的各项德育教育项目均取得较好成绩,涌现出了一批先进集体和个人,其中,《构建三大德育答辩体系——打造校园文化建设新平台》项目获批2010年湖南省高校校园文化精品建设项目,获2010年湖南省高校校园文化建设优秀成果二等奖,获2010年全国高校校园文化建设优秀成果优秀奖,并于2010年作为主要典型项目在全国高等中医药院校年会上做了经验推广,受到社会各界好评。《三大德育答辩体系的构建与实践》项目于2014年6月获湖南省普通高校大学生思想政治教育示范项目立项,在全省多所高校推广德育答辩经验,扩大了项目活动在大学生中的影响力。《湖南日报》对湖南省中医药大学"新生德育答辩月"和"学生党员干部德育答辩月"活动进行了报道。湖南省中医药大学学生李岳霖荣获"中国大学生年度人物"提名奖、学生党员干部吉杏媛荣获"湖南省普通高校百佳大学生党员"、2015届毕业生龚后武荣获"中国大学生自强之星"。项目成果之一《构建三大德育答辩体系,激活大学生思想政治教育》一文获2010年湖南省高校思想政治教育研究论文一等奖,多篇论文发表在省级以上刊物。

三、寻找传统文化与思想政治教育的关联与融合,提升医学生人文素养,积极发挥中医药文化的"渗透作用"

中医文化是中国优秀传统文化的重要组成部分,是中华民族在长期的医疗实践中累积下来的宝贵精神财富。中医文化不仅蕴含着博大精深的哲学思想和人文精神,还蕴藏着丰富的思想政治教育资源。在医学生思想政治教育中渗透这些特色资源,不仅可以充分发挥中医文化的育人功效、有效提升医学生人文素养，还可以丰富思想政治工作的内涵，帮助学生坚定人生信仰、树立崇高职业道德。

湖南省中医药大学历来高度重视思想政治教育工作。学校依托自身丰富的中医文化资源，积极开展中医文化与思想政治教育的关联和融合研究，探索出了一条将中医药文化渗透到医学生思想政治教育工作之中的有效途径。

（一）以"双色主题"为引领，坚持"立德树人"

学校始终秉承"育人为本、德育为先"的教育理念，积极传承中医文化"仁、和、精、诚"的核心精神。在实际工作中，学校充分发挥以赤诚红色为代表的爱国主义教育和以高尚白色为代表的医德医风教育"双色主题"的引领作用，切实做好学生思想政治工作，坚持立德树人。

众所周知，爱国主义在不同的历史时期具有不同的表现形式和不同的社会角色，人们对爱国主义也就有着不同的理解与感受。学校在开展爱国主义教育时，始终坚持以"双色主题"为引领，强调指出：在中华民族的历史长廊中，既有彪炳史册的爱国主义英雄，也有流芳千古，救人无数的具有"医者仁心、精诚济世"高贵人格的岐黄大家；既有古代科学技术长期领先，也有中医药的历史辉煌。即便是在今天，由于几千年中医药发展积累了大量对生命现象观察的成果和有效的临床经验，这些现象背后蕴藏着深刻的科学内涵，运用现代科学方法揭示其科学内涵，也能够"引发一场医学革命，甚至科学革命"。

毫无疑问，将中国传统文化和中医文化教育渗透到爱国主义教育之中，可以激发新时代学生的爱国热情和民族自豪感，认识到自己肩负的传承文明、振兴中华的崇高使命，从而更加坚定信心、报效祖国。

（二）以课堂教学为依托，坚持"以文化人"

学校坚持以思想政治理论课主干课程为依托，将中医药文化精髓与思想政治理论课相互融合、相互促进，有效实现理论潜移默化的渗透作用。

以课程《思想道德修养与法律基础》为例：教师在讲解理想信念在人生实践中的重要作用时，会结合古代医学典故，如华佗、孙思邈、张仲景和李时珍等名医的理想信念与成长成才的"医趣"故事，同时结合"湖南中医五老"（李聪甫、谭日强、刘炳凡、欧阳锜、夏度衡）的光辉事迹，引导学生畅谈人生理想并领会如何把理想变为现实。在讲"抵制错误人生观"时，结合近年来医疗行业中索要"红包"和药品回扣的现象，医生的大处方和滥用检查让病人不堪重负，帮助学生理解医学生是未来医疗卫生事业战线上的中流砥柱，个人的理想、信念、人生观绝对不能定位在对金钱、权利和地位等的追求和占有上面，这只会导致医学生忘记自己身上的神圣天职。在讲"在实践中创造人生价值"时，结合医疗制度改革，结合农村卫生人才培养的具体做法和要求，号召学生毕业后到最需要自己，最能发挥自己潜能的地方去。在讲授"职业道德的基本要求：爱岗敬业、诚实守信、办事公道、服务群众、奉献社会"，结合传统医德的内容，通过历代优秀医家的典故，如唐朝孙思邈在《备急千金要方》提出"大医精诚"中的"十三不得"、明朝陈实功在《外科正宗》中提出的"医家五戒十要"等内容，说明社会主义的职业道德继承了传统职业道德的优秀成分，体现了社会主义职业的基本特征。同时，阐释人生的价值在于对社会的贡献。在教学过程中，我们充分利用新媒体，将传统中医文化生动活泼、直观形象地渗透到思政理论课的教学之中。

（三）以社会实践为平台，坚持"实践育人"

学校坚持以多样化社会实践为平台，紧密结合思想政治理论课教学要求，实现第一课堂和第二课堂的无缝对接。学校精心设计并认真组织实施思想政治理论课社会实践活动，注重在实践中培养学生的思想信念、医德修养和历史责任，促进师生共同成长进步。实现实践育人。

最近几年，学校有效整合校内从事马克思主义哲学、中国哲学、医学伦理学、中医基础理论、医史文献学等学科研究的力量，深入发掘中华文化传统价值观的当代内涵、提炼中医文化的核心价值理念，大力弘扬社会主义核心价值观，在此基础上开展丰富多彩的实践教学活动，实践教学研究成果喜人：2007年，学校启动"三名三进"暨"大学生三下乡"活动；2008年，学校举办首届大学生"艺术作品展"和首届"三湘读书月"活动之国学国医经典诵读比赛；同年，湖南中医药大学德育网站——先导网上线试运行；2009年，校团委学社联主办首届"3·17"国医节大型系列活动；2010年，校园文化建设成果《三大"德育答辩"体系，打造校园文化建设新平台》荣获教育部高校校园文化建设优秀成果优秀奖；2011年，校园文化建设项目《"上善行动"——"爱心月"主题教育活动》荣获高校校园文化建设优秀成果二等奖，并荣膺教育部校园文化建设优秀成果奖；2012年，该校思想政治教育特色建设项目《四季养心——心理亚健康人群服务平台建设》获湖南省校园文化建设优秀成果三等奖后和教育部校园文化建设优秀成果奖；2013年，学校成立尚善爱心社；2014年，学校开展"中国梦·中医梦"大型演讲活动；2015年，学校大力宣传湖南本土国医大师刘祖贻、孙光荣等的"医者仁心、精诚济世"的高贵人格；举行"向全国道德模范提名奖获得者欧阳恒学习"活动等，所有这些，都旨在在全校营造崇尚科学、严谨求实、勇于创新、敢于拼搏的校风，鼓励青年学生健康成长，帮助他们树立正确的人生理想和高尚的职业道德。

　　总之，该校通过思想政治理论课的课程设置、实施规范和考核办法，通过各种实践途径，加强了大学生对马克思主义、对思想政治理论可的感悟、体验和理解。利用活生生的事实、影像、景观和强烈的现场参与感触发、增强了学生的理论思维，巩固了学生在课堂上学到的理论知识、理论、原理，促使感性认识上升理性认识。在实践教学过程中，教与学双方地位和角色关系较课堂教学更具有平等性、民主性、互动性，学生不再是处在被动的地位和角色，而是主动积极地参与教学活动，学生的主体性被有效地激活了，知与行也被有机地统一起来。尤其是当代中医大学生不仅承担着促进中医发展、为人类健康保驾护航的社会责任；同时，还肩负着弘扬祖国优秀传统文化的历史使命。这就给中医大学生的思想政治教育工作带来了新的特点，提出了新的要求。结合中医文化开展大学生思想政治教育工作，无疑能够贴近大学生思想与专业实际，提高大学生的认同感，增强思想政治教育的感染力与实效性的。而探寻核心价值观、道德文化、中医文化与思想政治教育相结合的途径和方法以及如何建立二者结合的长效机制的研究，将成为我们应承担的重要课题。实践证明：高校思想政治理论课实践教学环节作为高校思想政治理论课教学的重要延伸，必将发挥越来越大的作用。

第六章
高等教育管理改革与发展

第一节 我国高等教育管理概况

新中国成立初期,中国民主促进会创建者,中国民主同盟创始人之一,著名爱国人士,语言文字学家、书法家、教育家马叙伦出任新中国成立后的第一任教育部部长、中国高等教育部部长。教育部组建后的第一件事主要是针对新中国成立前的高等学校提出了具体的接管、接收、接办与初步改造的意见,并报国务院审查通过后实施,并在此期间为国家起草教育法律法规的文本,搭建了中国高等教育管理的基本框架。应该说,中国的高等教育管理是按照依法治教的这条路走过来的,虽然经过了许多曲曲折折,随着社会的进步,依法治教、依法治校正进入到一个逐步发展完善的阶段。

新中国成立后,高等教育的体制是建立在计划经济体制下的。高等教育的管理体制一开始就是借鉴苏联的模式,在当时的情况下也只能借鉴苏联的模式。这是由于当时的国际背景、政权的交替所造成的,旧的模式必须打破,不可能完全延续,只能是有选择性地沿用,而国际上可以借鉴的也只能是苏联的高等教育管理模式。

中国高等教育的管理体制是与国家的政治、经济体制相适应的。

1950年,开始对公立学校进行接管,对接受国外资助的学校进行接收,对私立学校进行接办,对旧的高等教育管理体系进行改造。

1952—1953年,高等教育学校院系调整主要是为了适应当时工业发展的需要,侧重发展高等工程技术教育,新设12种工业专门学校,工科专业占高等学校专业总数的一半,重新调整、建立的综合性大学也只以理工科为重点。这一时期的高等教育主要为本科和专科两级,

1953年以后才开始招收研究生，且均为全日制，结构也比较单一。出于教育部与政府各有关业务部门协调的需要，为了发挥工业部门办学的积极性，高等学校分成高等教育部直属、中央各业务部门直属、各大区直属、省市自治区直接管理四类，"条块分割"的管理体制开始形成，这对于发挥中央、中央部委、大区直属、省市的办学积极性，推动新中国工业的起步和发展起到了根本性的作用。在高等学校管理体制上，主要是整个国家行政管理体制在高等教育系统的复制，而对高等教育自身管理的特点与要求重视不够，在后来的发展中它的弊端也逐步开始显露。

1958年9月，国家提出争取用15年左右的时间，基本做到使全国青年和成年人凡是有条件和自愿的都可以受到高等教育，高等学校数量因而激增，高等教育结构也发生了很大变化。全国高等学校从1957年的229所发展到1960年的1289所，办学形式趋向多样化，全日制、半工半读制及各种形式的业余学校大量出现。但是数量增长与当时高等教育发展所需资源投入的有限性的矛盾显然是非常尖锐的。数量的增加、教育资源的短缺，导致教学质量下降，一些盲目发展的学校不得不下马。这是新中国高等教育发展史上第一次规模扩张，并且这一次扩招完全违背了教育的基本规律，违背了国家政治经济发展与教育发展的协调性，是一种教育资源严重匮乏下的大扩招，是一种没有基础教育支撑情况下的大扩招，因此，不得不进行一次残酷的院校调整。到1965年，高等学校数量调整至434所，在校生数也随之压缩。对重点高等学校实行"四定"，即定规格、定任务、定方向、定专业。

20世纪50年代末，中国高等教育经过了10年的曲折。随着20世纪70年代末普通高等学校入学考试制度的恢复，我国各种类型的高等教育也进入恢复、整顿、调整和发展阶段。一些原有的夜大学、函授大学、教育学院等迅速恢复，企业中的"七二一"大学经过整顿，改建为职工大学。同时，1972年创办了广播电视大学，全国高等教育自学考试等也发展很快。积极利用社会办学资源和力量，以灵活的办学机制满足社会不同层次的需求，对于促进高等教育的发展和竞争局面的形成是有积极意义的。

由于经济水平和政治体制的制约，总体上我国高等教育结构多元化发展的步伐是缓慢的。随着高等学校办学自主权的变革、劳动力市场的多元需求、终身教育的大趋势，针对长期存在的我国地区间经济、教育发展水平的不平衡状况，改变政府办学单一体制，建立一个多元开放的高等教育组织结构及管理体系是趋势。其中包含密切相关的两个方面的意义：一是高等教育组织模式适应社会、市场的多元需求，形成教育组织体系对社会大环境的全面开放态势，最大限度地开发、利用各种教育资源；二是高等教育管理过程的多层次、多规格，即改革单一的学历教育、精英教育模式和僵化的学籍管理制度，形成学历教育与职业教育并行、精英教育与大众教育共存、各类教育相互融通的网络式高等教育结构。大学从封闭的"象牙塔"走向开放，高等教育已经成为一项公共事业，它必须为国家的发展目标服务。

同时，政府以不同方式干预高等教育，就连最具自治传统的大学也不得不接受政府的调控。所以，新中国成立以来，中国高等教育基本上复制国家行政的政治、经济管理体制，实行集中统一的管理，这一时期也经历了一些变化，但根本性的改变不大。1958年以前，高等教育行政实行中央、各大行政区和省（自治区、直辖市）三级管理体制，经费则由中央统一控制。为进一步加强中央政府对高等教育的领导，1953年成立了高等教育部，以实现中央与政府各有关业务部门在高等教育管理中的密切配合和协调。1958年，在中央集权和地方分权相结合的原则下，强调了地方高等教育的领导，以充分调动地方办高等教育的积极性。中央提出了"统一性与多样性相结合，普及与提高相结合，全面规划与地方分权相结合"的方针，重新划分了各类高等学校的行政隶属关系，规定除少数高等学校由教育部和中央有关部门直接领导外，其他都下放归各省、市、自治区直接管理，同时还下放了招生、分配、任免高等学校领导人等权力。高等学校不再实行统一的教学计划、教学大纲和统编教材，地方高等学校的教师也都归地方管理，大办高等学校的热潮也随之而起。随后的几年，发生了高等教育计划失控、质量滑坡的现象，1963年，中央又明确了统一领导、分级管理的原则。但到了1969年，又规定原高等教育部所属高等学校全部交由所在省、市、自治区领导。1976年至今则实行"中央统一领导，中央和省、市、自治区两级管理"的领导体制。

无论中央、地方权限如何划分，新中国成立后，我国高等教育的统一计划体制基本保持稳定，表现为：所有高等学校由政府举办，教育经费基本来自政府拨款；高等学校的设立、结构、布局全部纳入国家事业发展计划，高等学校的审批权在国务院；高等学校主要领导人由政府任命，学校管理人员和教师具有和国家公务员基本相同的地位；学校的系科、专业设置、课程、教学大纲的制定，招生计划、毕业生就业等长期执行政府指令性计划；学校的基本建设和经费使用须按国家和地方政府下达的计划和规定执行。

在这种体制下，高等学校实则为政府的附属机构，权力集中于政府，学校缺乏应有的自主权。政府与高等学校之间的矛盾在向市场经济过渡的过程中显得尤为尖锐。

尽管中国高等教育在管理方面做了一些改革，截至20世纪80年代中期，中国高等教育的管理体制并没有多大变化。

中国高等教育发展中的显著特点是其周期性波动。有学者认为，经济环境的波动是高等教育周期波动的主导因素。那么，政府在这种周期波动中起何种作用呢？笔者认为可从以下两个方面来分析。

一是政府作为高等教育发展的规划制定者和执行者的双重身份出现，这使政府在经济对教育影响过程中具有一定的缓冲作用。在高度集中的计划体制下，政府的政策保护是我国高等教育发展能快于经济平均增长速度的主要原因。1953—1990年，我国社会总产值和国民收入的平均年增长率分别为8.7%和6.1%，而同期我国高等教育的招生数和在校生数的平均年增长率分别为17.62%和23.51%。

二是高等教育政策在缓解环境因素（政治、经济、文化等）的影响力的同时，也必然受制于这些社会因素。例如，政策本来就是政府在其政治活动中的行动准则，因此，一定程度上可以说，政治体制的特点直接决定高等教育政策的特点，直接影响高等教育体制。政府与高等教育的关系当然不限于政策方面，还包括立法、财政等多种环节。而且，仅就政策方面来说，也有政策的制定过程、实施过程及评价，政策干预的程度、目标、途径等问题。

改革开放以来，之所以要对高等教育体制进行改革，是因为这种体制是一种低效率的体制。这种制度在很大程度上加强了政府部门对高等学校管理的控制，从而使整个高等教育系统便于协调一致，但是，在以效率优先为原则的市场经济条件下，高等教育系统显然缺乏应有的制度创新活力。而目前体制改革中的很大弊端就在于改革的系统性，于是导致管理中权力与信息量的不对称、权利与义务的不对称等。因此，必须从根本上调整政府部门与高等学校之间的关系，高等教育的发展必须由政府集中控制的纵向约束转为以政府调控、市场引导、自我表现约束的纵横结合的管理体制。

尽管高等学校的高级行政人员的责任是完全地贯彻、执行政府或上级行政部门的方针、政策，尽管高等学校内部的各级行政人员的任用标准、聘用程序上保持着长期的一贯性，但这些并不意味着各级行政人员的地位是相同的，也不意味着他们之间的关系是长期一致的。中国高等学校高级行政人员的特点除了反映一般科层制的一些特征外，也蕴含了具有"中国特色"的高等教育管理的特点。考察40多年的高等学校高级行政人员的作用及相互关系的沿革，有助于我们在政府集中管理体制的宏观背景下进一步分析学校内部的权力分配、行政与学术的关系等。结合高等教育发展的一般规律，也许能理解这些因素对我国高等教育发展的制约作用。

1950年4月，教育部规定，高等学校一律实行校长负责制，校长代表学校领导学校的一切教学、科研及行政事宜；党组织在政治上起核心作用，原则上学校中的党组织和学校行政互相间没有领导与指导关系。

1958年，高等学校内部普遍实行学校党委领导下的校务委员会负责制，校务委员会为党委领导下的权力机构，实行集体领导，由校长主持。但实际上党委包办了学校的行政工作，校务委员会徒有其名，校长的作用自然也难以发挥。

20世纪60年代初，校长的权力较前有所突出，高等学校实行党委领导下的校长为首的校务委员会负责制，大学校长为国家任命的学校行政负责人，对外代表学校，对内主持校务委员会和学校的经常性工作，重大问题由校长提出，交由校务委员会讨论决定并由校长执行。进入80年代，中国的高等学校领导体制确立为"党委领导下的校长分工负责制"，并取消了原来的校务委员会，设立学术委员会，由校长或副校长领导和主持加强学校学术管理。但实践中党政不分，以党代政的格局未能根本改变。80年代中期曾推行过"校长负责制"的试点。1989年，中共中央提出在今后一个相当长的时期内，高等学校仍应实行党委领导下的校长负责制。

在高等教育的投资体制方面，政府一直是以一个投资人的身份出现，形成上下隶属关系。随着高等教育体制改革的推进，投资体制发生了一些变化。这种变化出现了一些投资现象的多元化，特别是民办大学的出现、学生缴纳部分学费等使得高等教育的投资主体在发生变化。但是，这种投资主体的变化并没有引起高等教育界太多的重视，思想观念并没有得到转变。

高等学校的内部管理制度基本上是行政管理模式，对应政府的有关行政部门设立机构，按照行政的级别设立校、处、科机构，按照行政管理的方式管理高等学校的教育教学与科研活动。

第二节 高等教育立法

现代教育立法制度产生于西方近代社会，在19世纪初得到发展。教育立法以学校为中心，其主要目的在于国家权力对私立学校的教育自由方面的某些保障，具有代表性的典型例子是英国于1862年制定的《教育规程》、美国于1789年制定的各州教育法、1848年法国的宪法中有关教育法律部分的条文。19世纪末20世纪初是西方资本主义国家广泛开展教育立法的时期。为了加强对教育的管理和控制，教育立法备受重视，大量与教育有关的法律和法规被制定出来，具有代表性的法规有英国于1870年的《初等教育法》和1918年的《教育法》、美国弗吉尼亚州于1870年的《教育法》等。第二次世界大战结束以后，教育立法进入了普遍推行和迅速发展的阶段，为了使教育更积极主动地适应整个社会的发展需要，教育立法开始深入到教育的各个领域，许多国家不仅从宪法的角度对教育的功能、制度、性质、形式，以及国家对教育的责任及公民受教育的权利等做出了明确的规定，而且，还力图通过制定教育单行法来对宪法的有关教育条款进行补充。例如，日、美、俄等国都制定了教育基本法及与此相配套的学校教育法、社会教育法、教师教育法等，从而形成了一个互相衔接、严密完整的教育法体系。

中国近代教育立法始于清末民初，1902年，清朝管学大臣张百熙拟定了《钦定学堂章程》。它是针对当时产生的新兴学校所做的一个较为全面的规定，而这一规定也被视为是近代中国的第一个教育法规。此后，张百熙和张之洞等人奏拟了《奏定学堂章程》，此章程除规定学校系统之外，还规定了学校管理体制、学校设置办法等，这一教育法规对推行"新教育"、统一学制发挥了重要作用。该学制被制定后一直沿用至清末。

中国现代教育立法始于1912年，孙中山建立的南京临时政府制定了一系列教育法规，时任教育总长的蔡元培主持立法，主要法规有《普通教育暂行办法》《普通教育暂行课程标准》《学校系统令》等。上述法规对学校名称、教育内容、课程设置、教学要求、课程标准、教育宗旨等都做了明确的规定，从而为建立中国现代民主教育制度奠定了基础。

新中国成立后，高等教育的立法经历了下述三个阶段。

一、新中国成立初期的高等教育立法

根据《中国人民政治协商会议共同纲领》和1954年新中国第一部宪法，并参考苏联的高等教育管理经验，教育部颁布了一系列教育条例，其中包括各种类型的学校暂行条例，逐步改革原有的教育制度，为新的教育制度的确立打下了坚实的基础。这些法令在新中国成立之初，为我国的教育制度提供了有力的支持和保障。在此期间，既没有独立的基本教育法，也没有独立的、系统的高等教育专门法。

二、高等教育大调整时期

根据当时国民经济的发展要求，为贯彻1961年全国教育改革、巩固、充实和提高的政策，以及在苏联教育实践中存在的不切实际和忽视法制的错误，教育部按照党中央的指示，制定了《教育部直属高等学校暂行工作条例》《全日制中学暂行工作条例》和《全日制小学暂行工作条例》。新中国成立以来，该条例总结了新中国成立以来的正、反两个方面的经验，为各级学校制定了明确的政策，促进了当时的教育事业的发展。

三、高等教育立法高速发展阶段

20世纪80年代初期，我国《中华人民共和国宪法》（1982年）正式通过，我国的高等教育立法呈现出一片欣欣向荣的景象。从1980年全国人大常委会颁布《中华人民共和国学位条例》、新中国成立以来，短短十几年的时间里，先后颁布了《中华人民共和国义务教育法》、1993年《中华人民共和国教师法》、1995年《中华人民共和国教育法》、1996年《中华人民共和国职业教育法》、1998年《高等教育法》、2001年《中华人民共和国民办教育促进法》。同时，大量的地方教育条例也被制定并颁布。这些法律法规的颁布和实施，使我国的高等教育立法体系更加丰富和完善，使高等教育朝着"以法治教""以法促教"的方向迈进。尤其《高等教育法》的颁布，使高校的行政管理工作得到了有效的法律保障。

第三节　高等教育管理改革与发展

高等教育管理改革是大势所趋。按照高等教育发展的一般规律，它的改革是与国家的政治、经济、文化有着必然联系的。从高等教育管理状况来看，中国的高等教育与整个社会的发展基本上是相适应的；同时，目前的政治、经济、文化的发展对中国高等教育又提出了新的任务和要求，特别是经济的发展、科学技术的创新、文化的创新等对各级各类高级专门人才的需求，在高等教育发展的开放度上、在管理的思想和体制上、在管理的模式与方法上等都要进行一些变革。只有在思想上、观念上认清高等教育改革和发展的方向，对高等教育发展趋势的准确把握，我们才能够运用先进的管理方法和技术来管理高等教育。

一、高等教育对外开放度更高

如果说当今中国高等教育发展得益于中国的政治体制和经济体制的改革，那么，其中很重要的一点就是得益于中国政治经济体制下的改革开放，没有开放就没有今天的中国高等教育发展的成果，打开国门才有对外开展高等教育管理信息交流的机会。因此，开放至少对中国的高等教育管理起到了以下三方面促进作用。

（一）促进管理思想观念的转变

通过考察国外高等教育，加深了我们对依法治校、教授治校、教育评价、以人为本、科技创新、服务社会等思想观念的理解，把一些先进的教育思想融入管理中，促进了高等教育管理观念的转变。

（二）促进高等教育管理法制体系的建立和完善

打开国门，我们看到了发达国家完善的高等教育管理的法制体系，这种体系有效地保证了高等教育科学、规范、有序、稳步地发展。

（三）促进高等教育管理的功能更加明确和完善

传统的计划经济体制下的高等教育功能是单一的，一定程度上可以说是为国家服务的工具，基本上没有自主性的功能，没有社会化的功能。经过了转变教育思想、教育观念的大讨论，经过了对高等教育性质的广泛深入地研究，高等教育的功能越来越明确，越来越完善，越来越符合社会主义市场经济的规律。

中国的高等教育逐步走向国际化，高等教育的开放程度必将更高。要建设国际上一流的高等教育，要建设国际上一流的大学，没有国际的交流与比较，不知道我们自己的优势也不知道我们自己的弱势，发展就缺乏目标。一个国家高等教育的水平，从某个角度来讲，反映了这个国家现代化的水平，没有高等教育的现代化，没有高等教育的国际化竞争，没有一大批高水平的国际一流的大学，没有一个整体高水平的、现代化的高等教育，谈国际化竞争便是一句空话。

高等教育更加开放应该是思想的更加开放，没有思想的开放，即使国门打开，也不一定能够借鉴先进的国外高等教育的管理方法。我们必须思考为什么要开放的问题，道理其实也并不是很复杂，整个国家都开放了，经济也在融入全球化的大潮中，高等教育的开放是必然的，高等教育随着国家经济的全球化战略将越来越开放也是必然的。因此，首先要解决的是思想更加开放的问题，思想认识问题不解决，不能从根本上认识开放对于高等教育管理带来的影响，就不能从根本上理解高等教育的质量与科学研究的水平必须保证国家参与国际竞争的意义。

高等教育的国际化战略是一种发展趋势，但绝不是全盘国际化，高等教育的开放应该建立在正确的需求上，应该符合中国的实际，这并不是矛盾的。欲速则不达，在条件不具备的情况下，没有实事求是的观念，反而会适得其反。这是一个实事求是的辩证的问题。我们讲高等教育国际化战略是指我们的高等教育参与国际化竞争，在竞争中不断提高我们高等教育的整体水平，也就是在竞争中学习、在竞争中提高的同时，也在竞争中发扬我们的优良传统，在竞争中推出我国高等教育的先进部分，形成中国高等教育管理的特色，让中国的高等教育走向世界，也让中国的高等教育影响世界。

二、对高等教育管理者的要求更高

（一）高等教育管理的专业化

大学管理专家E.阿什比曾说过，成功地管理专家的技巧并没有井井有条地安排于教材之中，管理是一种未加工好的艺术。因此，学习管理的唯一有效的方法就是在管理的过程中进行管理的研究与有效实践。这就意味着，管理必须像绘画、雕刻那样具备一种后天形成的天才。我们认为，具有先天管理才能固然值得庆幸，但在社会政治、经济、文化飞速发展的时代，管理人员的新鲜血液不断增加，新的管理人员大量替代老的管理人员，再加上现代高等教育组织的变化很快，复杂程度越来越高，已经使任何一个想有所作为的高等教育管理人员都必须接受管理本部门相应水平的专门知识的训练，提高技能，以便在纷繁的高等教育组织中恰如其分地利用和发挥其管理的天才。具体而言，高等教育管理专业化的要求基于以下方面。

1.现代高等教育管理有其专业的方法和要求。现代高等教育的管理者必须要懂得，自己所从事的职业的专业性及其特点，因为现代高等教育管理的专业化水平要求已经越来越高了，不论是管理的知识还是管理的技术方法，要求管理者具有很强的现代教育家的专业管理理论，发现问题的敏锐管理眼光，研究事物的哲学家的管理思想，高效的企业家的管理能力。现代社会知识、技术（其中包括与管理有关的知识、技术）的迅速发展为高等教育管理的专业化创造了条件，高等学校对管理工作者的选择余地很大，这就需要高等学校的管理者通过专业的学习和实践体现自己的专业能力和价值。

2.高等教育资源的专业性越来越高。高等教育资源的专业性对高等教育管理者专业性的要求必定越来越高。从资源的硬件来看，随着国家社会经济的发展，政府及社会各方对高等教育的投入也越来越大，高等教育的资源更加丰富，高等教育资源的知识性、技术性也越来越高，高等教育资源的专业性也越来越强，这些资源的各种元素组合成为一个复杂的专业管理的硬件系统，对高等教育管理者的专业知识及专业技术的要求越来越高。从软件方面来看，高等教育管理中最重要的资源是人力资源，随着改革开放的深入，高等学校的师资队伍发生着很大的变化，特别是具有越来越多留学背景的人员加入教师队伍中，他们带来了国外的一些先进的管理思想和理念、先进的教育思想和方法，使教师及管理队伍的人力资源更加丰富。同时，高等教育的辅助人员、管理人员的学历层次、知识结构也在发生重大的变化，管理队伍资源本身在优化，专业性越来越高。因此，无论是管理资源的硬件还是软件，资源的专业性越来越高是一种趋势。

3.社会多元系统对高等教育管理的影响。社会多元环境的复杂性要求高等教育管理者具有多维的专业管理视野。高等教育走出象牙之塔的过程也是其受社会多元程度不断发展影响的过程。这首先表现在高等教育必须对个人、家长、政府部门、企业及政治家提出的不同期望和要求做出不同的回答和反映。其次，高等教育系统的结构、运作方式、管理条件正经受社会其他系统的环境影响。不难发现，高等教育不仅要借用一般的管理理论与方法解决自身的问题，还要运用高等教育管理的专业原理、规则去解决相关的社会与学校发生关联的问题。随着改革开放的程度不断提高，这种多元不仅仅是局限于一个国家、一个地区，而是一种全球化视野的多元。因此，现代高等教育管理者要具备这种社会多元视野的专业思想和管理能力。

（二）高等教育管理者的高学历要求

前面我们提到过，高等教育管理的专业性要求越来越高，因此，毫无疑问，虽然我们重视学历而不唯学历，但是，高等教育管理者的高学历化是一种发展趋势。现实的状况如此，无论宏观的高等教育管理者还是微观的高等教育管理者，低学历层次的管理者正在被高学历层次的管理者所逐步代替。目前，各级高等教育行政管理部门的领导者一般都具有较高学历和较高级技术职称，不断补充着的年轻的、具有研究生学历的管理者越来越受到这些部门的欢迎。目前高等学校的党政主要领导，特别是校一级领导，大都由具有高级技术职称、较高学历学位、具有一定的国际留学和出国学习背景者担任。这里强调学历，不是唯学历主义，而是要求高等教育管理者在高等教育管理方面具有真才实学，学历要求意味着需要有与时代发展相适应的高等教育管理者，具有较新、更高的综合知识，较强的专业能力，辩证地和系统思维的能力，科学决策的能力。近年来，不少重点高等学校起用在国内外获得博士学位的高层次人才担任校级和二级部门重要的领导职务，充分发挥他们对国际高等教育最新发展前沿动态学习和理解的优势，应用先进的管理思想、管理技术和方法推进学校的工作向前发展。事实上，出现管理者高学历化有以下一些因素。

1.管理对象与要求的提高。1982年,我国颁布了全国人民代表大会通过的第一个教育法规《中华人民共和国研究生学位条例》,在此后的十几年中培养了许多硕士研究生和部分博士研究生。与此同时,为数众多的国家派遣的或自费留学的学生在国外攻读研究生学位,这些高学历的人员充实到大学教师队伍形成了管理对象的高学历化。如果我们的管理者在学历层次上与他们差距太大,就会缺乏共同的语言,在管理上出现交流的障碍,因此,管理队伍的高学历化是高等教育管理发展的很重要的趋势之一,整个高等教育管理队伍在学历层次的结构上发生变化已经成为必然。近年来,国家和高等教育组织也很重视这方面的问题,采取了多种途径提高管理者的学历层次。同时,国家高等教育专业研究生教育的发展很快,具有多种研究生层次的大学毕业生进入社会谋职,这些都为高等教育的行政领导部门和高等学校聘用具有研究生学位的管理者创造了基本的选聘条件。

2.领导干部的素质要求。教师队伍中特别是年轻教师中具有研究生学位的比例越来越高,要管理好这支高学历的教师队伍,势必对领导干部提出更高要求。正如著名管理学专家哈罗德·孔茨所说过,没有高级管理人员迅速、灵活、不墨守成规并有条理的管理就不可能进行有效的管理。因此,他认为,接受过良好教育的人要比受较少教育的人更可能提升到各级领导岗位上去。我国高等学校更注意选拔具有研究生学位的德才兼备的人到各级领导岗位,他们更了解教师队伍中众多教师的需要、心理特征、业务素质、思想品德,工作起来得心应手。

3.开展国际合作与交流的需要。改革开放以来,许多高等学校开展了广泛的国际交流合作,重点高等学校往往都与国外几十所高等学校建立合作关系。一些著名的国外高等学校的高、中层管理者都具有博士学位,学历层次与管理水平较高。如果我国高等学校的高、中层管理者也具有相同的条件,必将大大增加交流的能力,推动学校与国外的学术交流,扩大合作规模和领域,提高学校在全球的知名度。

4.普通管理者自身的需要。我国实际上是比较注重个人学历的国家。在企事业单位招聘管理人员时都注明要求什么样的学历,工作条件好、职务较高的岗位都要求应聘者具有较高的学历。高等学校是文化教育层次较高的社会系统,在这样系统里的管理职务要求有较高的学历,学历往往与工作岗位的安排、职务的提升密切相关,同个人的社会地位、工资福利紧密联系。在社会主义市场经济条件下,好的工作岗位竞争加剧,我国高等学校选拔管理者的竞争将会随着市场经济的深入、高等教育办学条件的改善和管理者社会地位的提高而趋于加剧。面对竞争,高等学校管理者不得不接受与岗位相适应的高等教育管理知识和能力的培训,提高自己的学历层次和专业管理能力。

我们要处理好高等教育管理者的学历层次与高等教育管理专业化的关系。管理者要有较高的学历,更要有较高的管理专业化水平。有的高等学校任用刚回国的年轻博士或国内刚毕业的硕士、博士进入校级和中层管理的领导岗位,而实际结果是有些以失败而告终。因为这些人虽然有比较高的学历层次,又有高水平的其他方面的专业知识,但是缺乏高等教育管理的专业知识和实践能力。因此,在选拔管理者时应注意正确处理学历与管理专业的关系问题,不要偏废某一方面。在选拔年轻的、高学历层次的高等教育管理人员,特别是领导干部时,要从实际出发,除了考虑自身的条件外,如果合适,必须先进行高等教育管理专业的理论培训学习,从低层的管理岗位和工作锻炼开始,先熟悉情况,取得经验,为以后担任高一级的管理者打好基础。另外,从优秀的普通管理者中选择优秀人员脱产进修学习,通过培养后视其情况进行提升也不失为一种好的方法。

三、高等教育管理战略与规划的柔性

高等教育管理战略与规划的柔性是在最近几年发生的变化之一，这是市场经济发展的结果。一直以来，我国高等教育的战略规划过于系统和刚性，特别是在长期的计划经济影响下，比较注重短期的规划，过于系统、详细，但政府教育行政管理部门出台的系统、详细的宏观规划往往在实施中与结果形成很大的差距。通过10多年的实践，对高等教育的战略规划进行了重大改革，特别是国家和地方政府在"十一五"高等教育改革与发展战略规划的制定中，逐步弱化以行政方式和思想去指导高等教育组织的行动，代之以现有政策、制度、方法与措施来对高等教育进行规划，强调宏观指导下的微观决策的自主性、创造性及对市场变化的适应和调整，充分反映战略规划的协商性、指导性、灵活性等柔性特征。

1.协商性。协商性体现了政府以协商的态度，广泛听取社会各界意见，特别是尊重高等学校的意见和建议，并且政府与高等学校一起，通过立项的方式开展调查研究，进行经济与社会发展对人才要求的预测，进行科技的发展与学科专业发展的预测。在这一过程中，政府不再是规划的单方制定者，而是通过专家、高等学校的办学者、主办者对高等教育市场需求信息的研究所达成的一致意见。

2.指导性。指导性是指政府的宏观战略规划只具有原则性的指导作用，对学校一般没有法律上的强制约束力，但指导性很强。应当承认，目前中国高等教育战略规划还多少有些受计划经济的影响，但是，市场调节作用明显在增加。充分考虑到社会经济发展水平、公众对高等教育的需求、地区间教育发展的不平衡等多种因素，有效发挥各级教育行政主管部门对高等教育战略规划的宏观指导作用。

3.灵活性。一般先编制一个中、长期总体发展战略规划，然后根

据变化适时地推出短期计划以作为对总体规划的补充和调整。同时，没有一个在实施过程中一成不变的计划，由于高等教育管理对象的复杂性和管理要素的柔性，出现一些变化是自然的，变与不变也是相对的，只要有利于管理目标的实现，变是肯定的。这就是计划灵活性的一面。

我们对比《全国教育事业第十个五年计划》和《国家教育事业发展"十一五"规划纲要》。从对比中可以看出，其在命题上就有所区别，一个是实实在在的计划，强调了计划性，而另一个只是规划纲要，弱化了计划性，突出了指导性与灵活性。在发展的战略思想与目标中，前者计划是以遵循的"基本原则"为出发点提出的，而后者是以"发展思路"提出的。在主要目标与任务中，后者也只是在一个大致的发展区间、要点式地提出工作思路。如果我们再往前去看"九五"甚至"八五"教育事业发展规划，内容则更详细、更系统、更刚性。

四、管理制度与程序更加规范

管理制度与程序更加规范化也是不言而喻的。古典管理学派曾主张管理层次系统化、规格化和集权化，行为科学学派则主张分权的、较为松散的组织管理。不论是哪一个学派，管理的规范化依然是提高管理水平和效率的重要保证。由于管理工作的不规范而造成管理混乱及降低高等教育资源利用率的现象是存在的，如不少高等学校各类人员的工作量一直没有适当的规范标准来统一衡量，由此造成了平均主义，从而影响教职工的积极性，这是一个普遍的问题；有些高等学校在使用仪器设备时没有严格、规范的操作章程，使仪器设备损坏率大大增加；各种统计报表由于没有统一口径和严格制度，在具体填报过程中常出现随意性，使统计数据部分失真；大量高等学校对教师从事第二职业没有明确的制约，致使有些教师第二职业工作量过多，严重影响学校教学、科研质量；对于学院与学院、系与系、处与处之间需要合作才能完成的事往往没有明确规定，造成每件事都要研究协调，浪费了大量的时间和精力；由于没有严格的制度和岗位规范，出现校长做处长的事，处长做科长的事，使领导陷于不必要的具体事务中，因而不能深入调查、获取信息，不能进行科学决策等。这些事实的存在，充分说明了管理规范化在现代化的高等教育管理中有着十分重要的作用。从管理机构与人员来讲，与国外相比，我国高等学校的管理人员偏多。当然，有体制的原因，特别是我国高等学校做了许多应该由社会管理、学生自我管理的事情，但整体上还是存在人浮于事的局面。国外发达国家高等学校管理人员岗位工作十分明确，由于实行流动制，岗位竞争激烈，管理者工作都很努力。而我国由于缺乏高等学校管理人员的较为明确的工作规范，人员的业绩考核与评价无从谈起，竞争机制难以建立。管理的规范化十分有利于简化和比较准确地对各级管理人员进行考核。目前，对管理者的考核不少流于形式，甚至没有明确具体的考核标准，而有些认真进行考核的高等学校则要求每个管理者把自己的思想政治、完成工作、今后打算等填写进表格，对半年或一年的工作进行自我总结，相互交流，听取意见，还要组织出面背靠背地收集情况，组织专人对被考核者进行打分，最后所有材料还要全部进档案袋，显然，这种做法又过于繁杂。在对基层管理者繁杂考核的同时，近年来对领导者的考评却简单起来。以往，有的高等学校领导要在教职工代表大会上进行述职报告，听取意见和建议，而现在改为在中层干部范围内述职，这两种做法在性质上是完全不同的，效果相差很多，后者做法难以听到对学校工作做得好坏的客观评价及尖锐的批评。按管理学理论，一般不应由校长任命的中层干部来对校长工作进行监督，这种做法根本不可能考核出真实的结果。久而久之，它会造成教职工对学校工作敷衍了事。

在干部的考核与提升上也缺乏真正的科学规范，领导提升干部不看工作业绩、个人品质、职业道德、心理素质，而主要看是否听自己的话，对有开拓精神、工作有成绩但敢于给领导提意见的人总是看不顺眼，甚至通过各种方式进行压制。规范主要是规定各级各类管理人员的职责、工作任务、工作程序，而不是用来束缚管理者的手脚，规范严而适度能够使各级管理人员的创造性积极地发挥出来。所以，在制定规范和规定时，要适当留有余地，让各类人员根据自己系统的管理目标创造性地工作。

五、高等学校权力结构的合理化和管理模式的综合

（一）高等学校权力结构的逐步合理化

高等学校管理的权力结构在纵向上分为若干层次，横向上每个层级又分为若干职能部门，形成纵横交错的矩阵式权力体系，这就是所谓的"科层制"。科层制被认为在精确性、稳定性、纪律的严格性和可靠性方面都优于其他组织形式。与社会中其他系统相比，高等学校的权力结构带有"科层制"的特点，有共同的目标、明确的分工、一定的权威、讲究效率和纪律等，同时又具有自身的诸多特质。但是，对"科层制"的改造与创新，许多高等教育管理专家进行过多年的探索。

在我国高等学校中院（系）教学行政管理人员常常认为管理者只是为了行使学校赋予院（系）的行政职能而存在，虽然他们往往被赋予处级、科级之类的权力级别，但是，他们的工作往往不能与其教学、科研管理的性质相吻合，而经常忙于一些非学术事务。有统计显示，中国大学的院（系）长（主任）平日时间花费最多的管理是事务（包括教师评价、职务晋升、工作分配、教师福利等）的管理，不少管理人员正游离在与大学管理目标密切相关的教学、科研活动之外。根据这种现象，有些大

学对这种院（系）"科层制"结构进行改造，分配院（系）总支书记与院（系）首长的权力，让总支书记做事务性行政工作，院（系）首长主要做学术性行政工作，使行政权力弱化，学术权力增强。

在弱化"科层制"中的行政权力，强化"科层制"中的行政服务时，有些大学的校长很聪明地将学校职能部门的管理权力弱化，或者转移到非权力部门行使某些方面的工作，而通过这些职能部门科学的管理、良好的服务来形成他们自己的权威，使权力受到制约，权威受到尊重。

高等学校的权力结构包括权力分配构成的结构和权力执行构成的结构，合理分配学校内部的组织权利和权力，合理地构建责、权、利能有效地制约权力的实施，是高等学校权力结构的合理化的改革方向，从目前的环境来看，要想达到这一目标，也是一个长远的阵痛过程。不过，可惜的是目前的这种权力结构可以说正在发生变化，这种变化来自一些有开拓性的大学校长，通过弱化行政权力、重视学术权力、简化权力施行过程，特别是增强权力的实施力度或执行力度，使得高等学校的权力结构更趋合理。

合理放权与合理用权是一门管理技巧。如何做到将学校的管理权力运用到"放而不乱、管而不死、用则有效"是一门高超的管理学问，这是一种将学校的管理权力科学地运用到极致的表现，也是许多管理者追求的目标。

（二）高等教育管理模式的综合

虽然各国高等教育的管理模式不尽相同，但根据西方大学的管理经验，要使高等教育在当今竞争环境中发挥最大作用，提高管理的效益，应使科层、市场和学术团体的管理机构有机地结合起来，使管理的模式更加综合化。

中国大学实行的"科层制"管理模式一般具有这样一些特点：管理

的地位、权威性主要由等级决定，"科层制"管理之所以一直被奉为一种有效的管理方式，很大程度上是因为它必须依据一定的规章和权力界线分科执掌、分层负责的组织结构形成一种有效的管理方式，但考虑到高等教育"生产"过程的特殊性，有些工作的相互关联度高，造成整个高等教育"生产线"的职责分工模糊，于是，科层制极易走向其自身的反面——官僚主义。常见的公事旅行、办事推诿、效率低下的"贵族化"习气便由此产生。理论上说，高等教育系统中各管理层之间由于责权紧密结合，不应该有"贵族化"的管理存在。但事实上，过分强调科层制中的分工，使得一些职能部门将自身的地位异化了，导致管理层次之间的冲突。例如，监督是高等教育管理中控制职能的重要方面，它通过掌握计划的执行情况，并以一定的措施来防止和纠正偏差。正确地监督应该和保证目标实现的行为联系在一起，也就是说，提出问题应该和提出解决问题的办法联系在一起。监督和保证是一个职能不可分割的两个方面。但是，目前高等学校的现状却是实际操作者往往被责备求全，行使监督权的人却可以不负责任地在一旁指手画脚，被监督者的积极性因此受到压抑，工作难免敷衍塞责，监督者有权无事，助长其官僚作风，实际操作者有事无权，双方以推诿代替了合作。作为具有很强学术性机构的高等学校，较为松散的权力组织有其存在的必然性，这就给实行严格的"科层制"造成了困难。在集权式科层制中，上层高度的控制权往往与中层或下层间相互控制的软弱无力形成鲜明对比，这种模式随着官僚主义不断膨胀，必然导致组织局部或个体对达到整体目标的离心力的增强。目前，许多大学已经注意到这一现象，通过加强对机关职能部门工作的考核与评价，特别是将他们的服务作为考核的重点，而不是将权力的实施作为考核的重点，这样一来，在导向上尽量避免"科层制"的弊端。同时，在"科层制"中大力提倡和导向管理的服务性，出台规章制度制约"科层制"中的行政权力，形成一种混合式的综合管理模式，这些方面的改革和探索正在深入进行。

管理效益实则也是一个权变的概念：一方面在市场经济条件下高等教育活动本身是多目标、多价值观的统合；另一方面管理者自己的个性特征也是重要的变量，直接影响管理活动。将管理人员的个性特征与组织特征、情境特征综合考虑后提出的高等教育管理效益指标体系可能是比较可行的。

第四节　高等学校的领导者

从两级政府管理来讲，中国高等教育宏观管理模式是党组负责，集体领导。从高等教育微观管理来讲，学校的管理是党委领导下的校长负责制。但实际情况是由于现行管理中的领导地位和领导人具有很强的行政权威，缺乏管理中的制约机制，或者说制约机制的形成还有一个过程，因此，形成管理中的某些缺位，特别是高等教育微观管理的学校管理。这是因为，领导的确定不是选聘制度，而是指派任用制，任用机制的弊端就是容易缺乏民主基础，一般由组织管理部门考察，也就是上级考察，管理部门的领导讨论确定，特别是管理部门的"一把手"有话语的决定权。所以，领导的确定与上级的领导或组织管理部门有关系，一旦权力产生欲望，一旦权力变味，就容易滋生权力腐败。同时，领导没有明确的任期目标制，或者有但并没有认真地执行任期目标制，所以，任用的领导是否对管理活动的结果负责并不重要，但是，必须要对上级领导和部门负责。不论是两级行政管理中的领导，还是高等学校的领导，在高等教育管理活动中都具有举足轻重的作用。由此，从目前中国的状况来看，管理好高等教育可能取决于领导个人的素质和事业心，而不是一种领导工作机制，而往往起决定作用的则是制度和机制。一般来讲，目前中国高等教育的领导者，无论是在个人素质方面还是在事业心方面都应该是比较高的，但是，一旦出现偏差，往往就缺乏机制的制约。

既然高等教育领导者的重要性对高等教育的影响如此之大，那么，对于高等教育领导者的要求也应该是比较高的。高等教育的领导，特别是主要领导，不论是任用制还是选聘制，领导者的个人作用都是不可忽视的，而我们主要考究的是高等学校的领导者，特别是大学的校长。

一、领导者的素质

对于高等教育领导者应具备的素质，近年来已有很多研究。一般来说，把它概括为四个方面：思想品德素质、科学文化素质、专业素质、身心素质。

思想品德素质是领导者应具备的首要素质。它包括思想政治素质和道德素养（职业道德及优良的作风、社会公德及强烈的责任心等）。

科学文化素质是领导者施加影响力的基本素质。高等教育的领导对象是高知识层的人群，因此对领导者的知识素质提出了特殊的要求。一般来说，高等教育的领导者应具备以下知识素质：马列主义理论与哲学知识、领导科学与教育科学知识、现代科学文化技术的一般知识与从事某项专业的专门知识，以及由这些知识集成和内化的科学文化素养。高等教育管理的最高境界是科学文化的管理。

专业素质是领导者从事高等教育管理的必备条件，主要体现在专业的能力方面。从某些方面讲，专业素质是科学文化素质的一个表象，具体地表现在领导者的决策能力和组织行动能力等方面，由于高等教育系统的复杂性，要求领导者具有更好的领导技术和技巧，具有更强的平衡协调及驾驭局面的能力。

身心素质是履行领导职务的基本条件。高等教育的领导工作就是协调和解决各种各样的矛盾,有些矛盾的解决具有很强的时效性和刺激性,工作强度有时也是很大的,领导者在科学决策、正确选择、合理解决矛盾的过程中,必须有坚忍不拔、不为压力而动的精神,要有较强的心理承受能力和自我控制能力;同时,还要有强壮的身体,否则,可能什么也干不成。

同时,也有人这样认为,高等学校在改革与发展中,一般都有一个凝聚组织的"核心",高等教育系统应努力造就具有综合素质结构的领导者队伍。因此,还应该包括:领导者的活动能力——"外交家"的接触面;领导者的业务资历——硬专家的学术权威;领导者的人格魅力——"家长"风范的非职权性影响力;领导者的管理魄力——"软专家"的管理水平。

二、大学校长的行动策略

大学校长要善于对管理系统施加适当的活力。大学校长的职能是组织学校的教育资源,为实现大学的办学目标展开教育管理活动。一位优秀的大学校长的首要职责是为大学筹措足够的办学经费,通过自己的聪明才智、决策能力把学校的系统资源运用到最佳的程度。要使系统资源的运作机制达到最佳程度,作为大学校长,要努力使大学处在不平衡的平衡状态之中,这就是在平衡中有策略地挑起不平衡,通过有效的方法使得不平衡达到平衡。这是一个管理哲学理念。平衡是指大学内部的政策和工作制度保持相对的稳定特性,不平衡是指根据人们的心理特点,采取最小搅动原则,通过一种创新性的工作方法与思想,使整个管理系统具有生机与活力,避免管理系统年复一年的"涛声依旧"。

领导者必须领导。在大学组织管理系统中,决定权和执行权有时比较分散，有时可能导致领导者不想去做决定。而如果管理者不勤政，或者由于个人的利益与组织的利益处理不好，也导致领导者没能真正地实行有效领导，造成了领导者事实上是没有领导。这样可能导致两种后果：一是责任分摊。由于实行集体领导等方式，校长或主要领导者可以长期依靠一些专门委员会和部门开展工作，而这些专门的部门是为了分担责任而设计的，但由于责任主体不明确，往往会产生问题责任的"分摊"，从而产生没有人负责的结果。二是无所建树。校长或主要领导者如果不实施有效的领导，下属就会将这种"不负责任"的方式传递下去，从而使集体的决定没有达到真正的执行，领导陷于形式，并由此走向一事无成。

大学校长应避免在系统决策中对应该由别人决定的问题做出决定。大学的领导者与工业企业或政府机关的领导人的一个重要区别在于，不能够简单地采取行政手段管理学术问题。例如，应该重视院（系）基层组织的学术管理，尊重基层专业人员对学科专业管理方面的意见，学术的管理要最大限度地实行分权，让学术带头人和学术组织去管理学术的事情，让分管学术工作的副职领导去管理。如果大学校长越俎代庖，不仅将自己拖进了永无休止的工作琐事之中，也在很大程度上影响了他人的工作积极性。大学校长不应该直接决定基层职权范围内的事情，虽然从某个角度看，这些是大学管理中很重要的问题，但是，大学校长应该通过一定的工作程序，明确其他校领导的工作职责范围，用制度加以规范。

领导者要有足够的"智谋""涵养""儒雅"来驾驭系统。领导者必须含蓄，不可轻易亮出自己的观点。处在多种相互矛盾的选择面前，大学校长或主要领导者不能表现出过分的自信（尽管你自己必须有一种超然的自信，但最好不要轻易流露出来）。对于有些急需改革的工作，也许需要有很大的耐心，如果我们的领导者不准备用这种方式来对待和慎重地处理问题，特别是在一些大是大非面前，在一些重要的决策场合，不假思索地急于亮出自己的观点，很有可能适得其反，或者造成难以收拾的局面，甚至失败。

领导者在系统成员中对双重忠诚要学会让步。一般来讲，大学的教授既忠诚于他所服务的大学，又忠诚于他所研究的学科，特别是在这两个方面的选择上，大学的教授更忠实于他们所研究的学科，那么，大学的领导者有时面对的是一个复杂的难题，在学校管理的问题和学科方面的问题之间可能要有所取舍。应该说，双重忠诚总体上目标是一致的，在这一点上领导者要有足够的认识。因此，在双重忠诚出现矛盾时应该做出一定的让步，以维持学校内部管理的矛盾平衡。

大学校长要通过自己的人格魅力影响系统成员。人格魅力的影响是一种高级的领导效果，是大学校长的人格品质、道德作风、文化修养、技艺技能、学术声誉等的影响。大学校长要有随时修正自己的思想和行为的能力。这是一个十分重要的自省策略，但同时也是一个说起来容易做起来难的行动策略。大学校长的行动策略很丰富，远远不止以上这些，随着管理思想和方法的不断创新，优秀的大学校长及其管理策略将会层出不穷。

三、组织内部的环境因素

组织内部的环境因素是组织行动的一个非常重要的因素。环境的好坏，直接导致工作效果的好坏，影响管理目标的实现。假如所有下属都能热忱地、满怀信心地为实现群体目标做出贡献的话，就无须继续研究和发展领导艺术了。但是，不管是由于环境条件的恶劣还是由于领导者的平庸，下属中很少会有人以持续的热忱与信心去工作。因此，对大多数人来说，需要领导营造良好的环境，以激发他们为实现组织的目标做出贡献。有人说，良好的士气就等于成功了一半。大学校长或领导者应该懂得使用激励理论和激励方法，极力营造好的环境，让环境体现的性质和力量去满足人们需要。如果大学校长或领导者具有超凡的激励手段和方法，能激发起下属的忠诚、献身精神及热忱，那么，就能使领导者的意图获得成功。当然，领导者的激励力量在很大程度上还取决于组织成员期望值的大小、预计报酬的多少、要求努力的程度、要完成的工作量及其他环境因素。因此，大学校长或领导者的首要任务就是为了顺利完成工作目标而尽量设计一个与组织成员期望值相对应的工作环境，当然，期望值与对应环境的设计要适中，这也是很难把握的，使用不好可能适得其反。在高等教育管理系统中，大学的领导者能够满足他人诸如地位、权力、金钱或对成就的自豪感等需要，通过需要的满足，使管理活动取得更好的产出效果。事实上，领导要充分了解下属倾向于追随那些可能满足他们个人目标的领导者，越是应该懂得激励其下属的因素是什么，这些激励因素如何发挥出正面的作用，并将它们在管理过程中反映出来，就越有可能产生有效的管理效应。

第五节　构建中国特色现代大学制度

早在《国家中长期教育改革和发展规划纲要（2010—2020年）》（以下简称《纲要》）颁布以前，"现代大学制度"就引起了学术界的广泛关注和研究，但始终未能在实践层面有所突破和成就。2010年7月《纲要》明确提出"建设中国特色现代大学制度，完善大学治理结构"，并将此作为教育体制改革的重要内容，进行试点改革。这标志着"中国特色现代大学制度"从理论研究向实践探索迈开了一大步，也由此掀起了围绕这一主题的新的研究热潮。

一、构建中国特色现代大学制度的紧迫性和必要性

捷克教育家夸美纽斯曾提出著名的观点："制度是学校一切工作的'灵魂'，哪里制度稳定，哪里便一切稳定；哪里制度动摇，哪里便一切动摇；哪里制度松垮，哪里便一切松垮和陷入混乱。"毋庸置疑，制度在我国大学的生存和发展历史过程中起着很大的作用，当今中国之高等教育改革和发展遇到了许多棘手问题，进入到改革深水区的中国大学急需在现行的大学制度体系中注入一些西方现代大学制度方面的元素。

那么中国的大学普遍遇到了什么问题？目前，社会上对大学的批判主要集中在以下几个方面：一是批判中国虽然建立了世界上规模最大的高等教育体系，培养了数量最多的大学生人群，却未能培养出拔尖创新人才。这缘起于钱学森的世纪之问。相比之下，尽管美国近年来不断受到经济危机的影响，但其作为世界大学的领袖地位仍未被撼动，依然是留学生的第一选择，依然涌现了大批获得世界顶尖奖项的人才。显而易见，这得益于美国发达的高等教育体系，在普及大众高等教育功能的同时，使一流大学能够抽出身来专注于知识创造，从而保证了精英高等教育的质量。二是批判中国大学愈演愈烈的"行政化""官僚化"。尽管"去行政化"的口号振聋发聩，但大学管理的行政化色彩过于浓厚，以行政权力干预或取代学术权力的现象确实依然普遍存在。学术价值不独立，严重制约了大学创造力的发挥。三是批判大学没有走入社会的中心，在推动经济社会发展进步方面的功能和使命未能充分发挥。大学的改革滞后于社会其他领域的改革，课程设置、科研活动、人才培养与经济社会发展严重脱节，办学质量不高，产出效益低下。

正是基于这些客观存在的问题，再加之我国正处在社会急剧转型期这一大背景下，各种社会矛盾多发，所以通过建设中国特色现代大学制

度，理顺大学与社会、大学与政府、大学内部各利益方的关系，使其按照教育教学规律和人才成长规律办学显得尤为迫切和必要。

二、中国特色现代大学制度的内涵

大学的历史可以追溯到中世纪的欧洲。1809年，洪堡受命组建柏林大学，提出了"学术自由、学校自治、教学和科研相统一"的原则，标志着现代大学的诞生，科学研究成为继人才培养之后的第二职能。20世纪初，威斯康星大学提出并践行"大学为社会服务"的办学宗旨，从此，社会服务成为高校的第三职能。学校自治、学术自由、教授治学、校长治校成为现代大学制度的精神。

而我们今天要建立的现代大学制度，既不是19世纪德国的大学制度，也不是20世纪美国的大学制度，也不是20世纪二三十年代中华民国时期的大学制度，而是针对我国特殊的政治体制和教育管理体制、特殊的历史文化传统、特殊的社会发展阶段以及特殊的国际大环境，在解决数十年来现行大学制度存在积弊的基础上建立的具有中国特色的大学制度，是独立的、开放的、人文的、法治的和卓越的。它是应当在遵循"世界大学通例"的前提下，积极运用世界性的大学标准和理念，对我国的大学制度进行改造，在彰显大学本质精神的同时着力于推进中国大学改革与发展的一种发展形态。它包括以下两个层面：一个是宏观层面的大学制度，是一个国家的高等教育制度体系，它更多地反映社会外部的要求，表现出比较明显的时代特征；一个是微观层面的大学制度，主要是大学内部的组织结构和运行机制，其组织结构的分层、内部权力体系更多是积淀大学的历史和传统，体现着大学的特性和主题逻辑。

鉴于此，笔者认为中国特色现代大学制度应当包括以下几个方面的内容。

第一，独立的法人制度。《高等教育法》赋予大学自主办学的法人地位，建立法人制度的目的在于保障大学独立的办学地位，是实现学校自治的基础。

第二，服务性的行政组织制度。大学是学术性的组织，大学行政组织管理工作不是学校的功能性活动，而是辅助性，是为功能性活动的有效开展提供帮助、支持和维护的。

第三，人性化的教育制度。如何让我们的大学围绕学生的个性发展组织教学活动，设计人才培养计划，是建设现代大学制度不可回避的问题。

第四，完善的民主管理制度。实行民主管理是现代大学制度的核心内容之一，要完善民主管理和决策的制度，健全权力制衡和监督机制，落实大学信息公开机制。

三、推进中国特色现代大学制度建设的实施战略

建设中国特色现代大学制度是个多元而复杂的系统工程。中国特色现代大学制度的建设涉及观念的转变、制度的更新，利益格局的调整，需要政府、社会、大学等方方面面的参与，是一项意义重大、影响深远的教育改革。

第一，坚持党委领导下的校长负责制。我国大学实行党委领导下的校长负责制，是由中国特色社会主义教育事业的性质和要求决定的，是我国大学领导体制长期探索和实践的历史选择。坚持党委领导下的校长负责制，一是坚持民主集中制的领导制度，这是根本，坚持民主集中制才能理顺关系，办好事、办成事，实现党对学校的领导；二是要实行集体领导和个人分工负责相结合的工作制度。学校重大问题和重要事项由集体讨论决定后，再由分管领导负责组织实施；三是建立和健全民主科学的决策机制。在重大问题决策上，广开言路，集中民智，并充分发挥专家组或专业委员会的决策咨询作用，做到没有充分调研不决策，没有

专业论证不决策，没有比较方案不决策。

第二，推动和落实章程建设。长期以来，我国大学治理中都没有权威的法律来规范不同主体的权利边界。对学校而言，政府有时有"越界"行为，当强势的政府对学校提出不合理的要求时，学校甚至不知道该如何维护自己的权利；对教学和学术而言，行政也有"越界"的行为，教学科研资源被行政人员垄断，甚至当一线教师寻求解决问题的司法救济也是空白的；同时，高校内部的管理也常常文山会海，政出多头，缺乏制度的约束和保障，这些问题的关键就是我们没有一部明确界定各利益主体权利边界的学校章程。毋庸置疑，建设中国特色现代大学制度，其中最为关键的就是章程建设。高等学校的治理，从源头上即是依据章程进行治理。对内，高等学校的章程是推进和规范依法办学、自主办学的基础；对外，高等学校的章程是处理与政府、与企业、与社会组织之间关系的准则。可见，大学章程的制定和运行是中国特色现代大学制度建构的关键，是确保现代大学制度运行具前提。高等学校应以章程为载体，秉持依法治校的理念，践行自主管理、民主监督、社会参与。

第三，推进大学内部治理结构改革。构建现代大学制度不仅要理顺大学与社会、大学与政府的关系，更涉及大学内部治理结构的完善。可以说，大学内部治理结构的完善和改革是建立现代大学制度的重要内容。然而，我国大学内部治理结构改革却面临一系列的问题：一是办学自主意识缺失。大学自主意识比较薄弱，"等靠要"思想严重，习惯于按政府指令和社会的现成标准办学，一定程度上丧失了作为独立法人实体的目标和意识；二是大学内部组织体系结构不合理。党政组织几乎照搬行政机构模式，学术组织体系却不健全、专职人员缺失、规章制度不完善、职能定位不明确、议事规则不规范等，政治组织、学术组织、行政组织之间层次不清晰，全责不明确，大学尚未真正建立起适合大学发展学术化的组织体系；三是大学内部权力结构失衡，行政权力凌驾和挤压学术权力，政治权力与行政权力的决策权限划分不明确，缺乏有效的制衡监督机制。因此，科学合理的设计大学内部治理结构，健全大学法人制度，坚持党委领导下的校长负责制，加强学术组织建设，构建合理的分权机制、高校的运行机制、科学的民主监督机制，充分调动基层科研教学单位的积极性，促进学术的创新，提高行政效率，只有这样中国特色现代大学制度的构建才能落到实处。

总之，现代大学制度建设作为一个重要的学术理论问题，是我国高等教育改革发展的重大现实问题，也是促进我国高等教育事业科学发展一个"躲不开，绕不过"的关键问题。《纲要》颁布四年来，国家在部分高校开展的"建设现代大学制度"试点工作正在扎实推进，取得了一些初步成果。一些没有纳入试点的高校也因地制宜，开展了有益的探索。相信在不久的将来，我国现代大学制度研究将会产生一些原创性成果，从而推动中国特色现代大学制度在全国范围内的普及和运用，破解现阶段高等教育改革方面的难题。

第七章 高校教学管理及队伍建设

第一节 教学管理队伍建设的现状

教学管理的组织体系，也就是教学管理的组织和方法体系，它是一个由责任分配、层级统属、集体意识组成的具有自我调节和自我发展的社会系统，它的核心是"由谁来管理、如何管理"。而管理体系是指机构设置、隶属关系、权力计划等组织体系的系统化。

教学管理的基本任务是遵循教育教学基本规律，通过对培养、改革、建设和管理的系统规划，借助现代化的科学管理手段，对全部教学活动在动态演进中达到既定的教育教学目标的管理。同时，要发挥管理的协调作用，调动各方面的积极性，保证全部培养过程各阶段教学任务的有效实现教学管理的职能可归纳为"决策、规划、组织、指导、控制、协调、评估、激励、研究、创新"，它们之间相互交叉，互为联系，是一个有机的整体。

高等学校教学管理人员有明确的人员组成范围、职责要求和工作目标，教育部颁布的《高等学校教学管理要点》《教育部关于进一步深化本科教学改革全面提高教学质量的若干意见》（教高〔2007〕2号）等重要文件中均明确规定：强化教学管理，确保教学工作正常秩序。高等学校要根据新形势的要求，结合本校实际，健全和完善各项教学工作规章制度。要通过制度建设，规范教师社会兼职和校外活动，促使教师把主要精力投入教学工作，并引导教师正确处理教学与科研的关系；规范教学管理人员的岗位职责，促使管理人员把主要精力投入管理和服务工作；规范学生的行为，促使学生把主要精力投入学习活动。要采取措施，确保各项规章制度严格执行，并对执行情况进行严格考核。要加强教学管理队伍建设，加大新形势下教学管理规律的研究，不断提高教学管理水平。

新形势下教学管理队伍的现状主要表现为以下几方面。

一、对教学管理队伍建设的重要性认识不足

长期以来，教学管理工作得不到应有的重视，大部分人认为教学管理岗位上的工作都是简单的重复劳动，停留在"事务型""经验型"的管理层面，认为只要排除课程表、组织好考试、解决教学中出现的一般问题，使教学工作能够运转、工作无差错就完成了，无须多少业务知识和能力。因此，学校在安排教学管理人员时往往忽视对人员素质的要求，一段时间内教学管理队伍呈现低学历、低职称的现象，教学管理的质量难以保证。尤其是在扩招以后，各地高校的办学规模不断扩张，学生数量也逐步增加，为改善教育质量，学校将重点放在了教师的建设和培养上，而忽略了管理队伍的建设，没有按照教学管理工作应有的专业知识和能力要求每一位教学管理人员，对其在管理知识技能上的不足未能予以重视。教师必须具有良好的沟通能力、文字处理能力、现代化技术应用能力、监控反馈能力和教学管理科研能力。

二、教学管理人员缺乏创新意识

长期以来，传统的管理观念和管理制度使高校教学管理人员习惯于对教学人力、物力、财力的计划管理，被动地执行国家的各项政策，无须进行教育科学研究，无须进行创新和资源分析、利用，按部就班，只需服从领导意志就是称职的管理人员，从而养成了教学管理人员的惰性，磨灭了他们的创新意识和开拓进取精神。面对新时期、新的知识经济和教学改革的新局面，部分管理人员感到茫然，不能很好地适应现代教育

教学的管理。

三、教学管理队伍专业思想不牢固，队伍不稳定

高校教学管理队伍目前面临的普遍现象是专业思想不牢固，管理队伍不稳定，人员变动频繁，流动性大。目前各高校的管理人员大部分是由教学人员调整或由其他行政岗位交流人员组成，缺乏专业人员的定位与思想教育；只有一小部分是管理专业毕业或长期从事教学管理工作的人员。大部分高校忽视对教学管理人员的培养，弱化了教学管理岗位的吸引力，部分有一定知识层次或工作能力的在岗人员思想不稳定、不安心管理岗位，认为管理工作不被重视，工作繁重。另外，多数高校虽然都把管理队伍的职称评定划归为专业技术人员，但长期以来教学管理岗位职称问题难以解决，职务提升非常困难，现职岗位待遇低于同届毕业后从事业务工作或其他专业的技术人员，严重挫伤了管理人员的工作积极性，从而对本职工作投入不足，不钻研业务，敷衍应付，有机会就想跳槽。特别是院（系）级教务员更换尤为频繁，有的只工作了一两年，甚至不到半年就进行转岗，工作刚刚熟悉就离开，使院（系）不得不调换人员，对教学管理队伍的稳定性、管理工作和管理资料的连续性都造成了极大影响。教学管理人员应具有的爱岗敬业的专业信念，自律的职业道德，积极探索教学管理新路径、新方法的思想缺失，教学管理队伍的稳定性亟待解决和加强。

第二节 高校专业、课程建设与管理

一、专业建设研究与开展

(一)专业、学科的概念与内涵

1. 专业的概念与内涵

专业的历史沿革最早可以追溯到大学的萌芽阶段。

春秋时期我国的孔子设立私学,其教学就有德行、言语、文学的分类,可看作专业教育的先祖。在古希腊,智者派创设了文法、修辞和辩证法,柏拉图等人又提出了算术、几何、天文学和音乐等科。

20世纪50年代以前,我国高等教育中只有"系科",没有"专业",中国古代学术分经、史、子、集四部,即"四部之学",晚清,随着西学的引入和大学教育的建立,同时引入了西方"分科立学、分科治学"的思想。1902年,张百熙负责制定的《钦定学堂章程》将大学学科分为政治科、文学科、格致科、农业科、文艺科、商务科、艺术科七大学科30科目。1921年,中华民国政府教育部公布《大学令》,第二条规定:"大学分为文科、理科、法科、商科、医科、农科、工科。"每科又分数目不等的"门"。1917年,蔡元培提出"废科改系",以促进不同学科间的交流。1919年,北京大学废文、理、法科之名,改"门"为"系",设14系。此后,各校相继将相关的系组成学院,形成"大学—学院—学系"学术框架。

《教育大辞典》对专业的解释为:"专业"译自俄文,指中国、苏联等国家高等教育培养学生的各个专门领域，相当于《国际教育标准分类法》的课程计划或美国高等院校中的"主修"。

在联合国教科文组织编写的《国际教育标准分类法》中，没有"专业"一词，对应出现的是"课程计划"。"大学由农学、文学、教育、工学等系或学院组成。学生在某系选择一组课程计划，这一组课程计划内常有些课程要到其他学院、系去上。或同一课程计划由于重点不同，要在一个以上的系中进行"。从中可以看出，"课程计划"与"课程的一种组织形式"内涵相同。

现代教育体系中对专业的定义有广义与特指之分。广义的专业是指知识的专门化领域，专业即某种职业不同于其他职业的一些特定的劳动特点。特指的专业即高等学校中的专业，是依据确定的培养目标设置于高等学校（及相应的教育机构）的教育基本单位或教育基本组织形式。高等教育研究专家潘懋元、王伟廉认为，专业是课程的一种组织形式。《教育管理词典》认为，专业是高等学校或中等专业学校根据社会的分工需要而划分的学业门类。各专业都有独立的教学计划，以体现本专业的培养目标和要求。这种解释与《辞海》的解释基本一致，认为专业是一种学业门类。

由此可见，专业是高校培养人才的基本单位，它能够通过专门教育和训练，促进学生获得较高的专门知识与能力，以便为社会提供专业而有效的服务。专业是按照社会对不同领域和岗位的专门人才的需要来设置的。学科知识是构成专业的原料，不同领域的专门人才需要什么样的知识结构，专业就通过对相关的学科知识进行切块、组织来形成课程及一定的课程组合的方式来满足。专业以学科为依托，有时某个专业需要若干个学科支撑，有时某个学科又下设若干个专业。一个专业是由适用于其需要的若干学科中的部分内容构成，而不是由若干学科中的所有内容构成。

2.学科的概念与内涵

学科从学术分类和教学分类两方面有不同的解释。

（1）学术分类方面。学科是指一定科学领域或一门科学的分支，如物理学、生物学、教育学等。

（2）教学分类方面。学科是学校教学内容的基本单位，指为培养人才而设立的教学科目。通常意义上所讲的学科是指高等学校或科研机构为培养高级人才而设立的教学科目。大学是传授高深学问的场所，而各种不同的"学问"则以学科的形式出现，学科理所当然地成了承担大学职能的基本单元。在此，我们把大学学科定义为：大学学科是以知识分类为基础，以高深专门知识为学术活动的对象，承担大学职能的基本单元。

（二）学科建设与专业建设

1.学科建设和专业建设的内容

（1）学科建设的构成要素主要有学科带头人、学科梯队、科研课题、研究仪器设备、学科建设管理人员等；学科建设主要是学术梯队建设、研究设施建设、确定研究方向、争取研究项目，形成科学、合理的学科管理制度等，目标是取得更高水平的研究成果。学科建设的作用表现在以下五方面。

①学科水平决定一所大学的水平，是高校办学水平和综合实力最主要的体现。

②学科是人才吸引的强磁场，人才培养的沃土。

③学科对人的发展起着定向和规范的作用。

④学科建设是构筑高校核心竞争力的必由之路。

⑤学科建设是大学发展的平台，是大学人才培养、科学研究和社会服务三大社会功能的基础。

(2)专业建设的构成要素主要有教师、课程、教材、实验与教学管理人员等。

专业建设主要是专业培养目标与培养方案的制定、专业教学手段与教学方法的改进、人才培养模式的改革、课程开发、教材建设、实验室与实习基地建设等。高等学校专业的划分是以学科分类为基础,与社会职业分工相适应的。专业建设的作用表现在以下三方面。

①专业水平反映了学校本科人才培养的水平。

②专业是学校培养学生传授技能的平台,反映学校学科水平。

③专业建设是提高学生就业综合竞争力的重要途径。

2.学科建设和专业建设的关系

高校进行学科建设必须搞清楚学科建设与专业建设的关系。原因之一是历来非研究型大学不重视学科建设,或对学科建设认识不清;原因之二是这些院校大部分学科的科学研究基础非常薄弱;原因之三是学科建设与专业建设关系问题在实践中凸显出来的时间不长。学科的划分遵循知识体系自身的逻辑,学科是相对稳定的知识体系。

学科建设是对相关学科点和学科体系的科学规划和重点建设,从而形成和提升人才培养与科学研究的综合实力。学科建设与专业建设密不可分,学科建设是基础,学科建设的成果可以作为专业建设的原料,但也可以有非专业建设的用途,可以直接为当地生产建设所用;专业建设是成果,中间通过课程这一桥梁来连接。市场对人才规格的要求的变化引起专业的调整,也是促进学科建设的动力之一。

(三)专业设置、调整优化与建设进展

专业设置是高等教育部门根据科学分工和产业结构的需要所设置的学科门类,是人才培养规格的一个重要标志和体现,高校学科专业结构调整和优化是高等教育支撑国家发展战略的迫切需要。

高校本科教育教学管理研究与进展。

1.坚持以社会需求为指导,科学设置学科专业,要立足于国家经济与社会发展对人才的实际需求,加大专业结构调整力度,根据科学技术发展的特点,紧密结合我国高等教育实际,研究建立适应国家经济与社会发展需要的本科专业设置和调整制度,制定指导性专业规范。

2.在扩大专业口径的前提下,按照国家关于专业建设的需要,大力提倡在高年级开设专业方向。

3.建立专业设置的预警机制,及时公布专业设置和需求动态,及时调整专业设置、调整专业方向,为高校优化专业布局、调整人才培养结构提供指导;要研究制定对高校人才的需求预警,及时通报高校的发展和经济发展情况,并与社会企业保持密切的联系,为适应我国经济和社会发展的需要而培养各类专业技术人才。

4.强化本科专业,按照优势、特色、交叉、社会急需的原则,引导各级各类高校发挥优势,大力培育优势明显、特色鲜明的本科专业,加大建设力度,逐步形成专业品牌和特色。

5.积极探索专业评价体制的改革,以工程技术、医学等领域为重点,逐步构建与职业体制相适应的专业认证体系。

6.设立新的本科专业,要科学论证,严格执行必要的手续,充分考虑到专业的工作和人才的需要,要有成熟的学科支持,与学校的办学目标和办学定位相适应,具备相配套的师资条件、教学条件和图书资料等,并投入必需的开办经费,加强对新设置专业的建设和管理。

二、课程建设研究与开展

课程是最基本的教学元素,是学生能接触到的最直接、受益最全面的教学单元。通过课程的学习,学生不仅获得知识和技能,同时形成特定的人格。课程的质量直接影响着人才培养的质量。在专业建设、师资队伍建设、实验室建设和课程建设等教学基本建设中,课程建设处于核心地位。课程建设作为高等院校教学建设中的基础性建设,是一个动态的、系统的管理过程。其包括教学大纲、教学方案、教材及教学条件等完成传授知识的载体与条件,教学文件、教学环节、教学管理状态等完成传授知识的教学工作状态,以及师资队伍等知识的传授者。高校的课程建设可概括为:以师资队伍建设为中心,以教学材料建设为依据,以教学设备建设为保证,以改革教学体系和内容为关键,以教学方法和教学管理科学化为手段,以全面提高教学质量为目的的一项系统工程。课程建设的任务是根据现有条件和课程现状,逐步完善课程的各相关要素,强化知识传授和能力培养系统。课程建设将相应地促进师资、教材、条件、管理、手段和方法的改革。

作为学校教学建设的核心内容,课程建设目标的实现主要体现在能否建设一支高水平的师资队伍,能否培育出高素质的创新型人才,能否创造出高水平的教学和科研成果,以及是否有与课程建设相配套的高效、科学的教学管理体制和激励机制等。课程建设的质量高低对于建立学生合理的知识结构、能力结构和创新精神具有十分重要的意义。

(一)我国大学课程建设的发展历程

自新中国成立以来,我国高校一直重视大学课程的建设,我国大学课程建设的发展大致经历了以下几个阶段。

第一阶段(1949—1977年):这段时期高校的改革与实践借助经验进行,与社会政治存在一定的关系,大学课程受当时社会影响,经历了借鉴、调整、探索,肃然发展速度不快,但也取得了一定的进步。

第二阶段(1978—1992年):1978年10月,原国家教委修改了1961年颁布的"高校六十条",给高校的课程与教学改革指明了方向、提供了政策保障。1985年之后出台的《中共中央关于教育体制改革的决定》

《高等教育管理职责暂行规定》为高校课程与教学改革树立了里程碑，一系列的举措为高校的课程改革指明了发展的方向，由此高校的课程与教学开始步入为中国经济建设服务的阶段，对于高校本科教育教学管理研究与开展，具有重要的转折意义。

第三阶段（1993—1996年）：国务院颁布了《中国教育改革与发展纲要》，明确了新时期高等教育改革的发展目标。随着经济体制改革的深入，市场经济体制的确立，高等教育要建立适应社会主义市场经济体制、政治体制和科学体制改革需要的新体制，强调教育要有利于坚持社会主义方向，培养德、智、体全面发展的建设者和接班人，要有利于促进教育更好地为社会主义现代化建设服务。

第四阶段（1996—2000年）："九五"计划期间，国家出台相关政策指导高校课程建设工作。全国教育事业"九五"计划指出，高等教育要拓宽专业服务范围，按照现代化建设的需要调整课程结构，更新教育内容，改革教学方法，提高学生分析问题和解决问题的能力。原国家教委自1995年开始实施"高等教育面向21世纪教学内容和课程体系改革计划"，落实《中国教育改革和发展纲要》提出的"质量上一个台阶"的目标，更新教育观念，改革人才培养模式，实现教学内容、课程体系、教学方法和手段的现代化。

高校贯彻执行教育部全面进行教学内容和课程体系改革的要求，根据学校实际情况，结合文件要求，积极开展课程建设及教学改革工作。根据教育文件中对课程建设的目标、原则、主要内容、实施步骤及评估指标的要求，逐步在校级层面上开展"合格课程""示范课程""优秀课程"或"重点课程"的试点建设工作，确立一批覆盖面广的公共课、学科基础课作为重点课程，有计划地开展校级课程建设，从教学内容、教学手段、师资队伍、教学过程等方面开始了课程建设的初步探索。

2000年，在"高等教育面向21世纪教学内容和课程体系改革计划"

取得阶段性成果的基础上，教育部开始实施"新世纪高等教育教学改革工程"，进一步增强高等学校的质量意识，深化教学改革。该工程以培养适应新世纪我国现代化建设需要的具有创新精神、实践能力和创业精神的高素质人才为宗旨，对高等教育人才培养模式、教学内容、课程体系、教学方法等进行综合的改革研究与实践。"面向21世纪教育振兴行动计划"明确指出："依托现代远程教育网络开设高质量的网络课程，组织全国一流水平的师资进行讲授，实现跨越时空的教育资源共享。"

1998年9月，教育部批准清华大学、浙江大学、湖南大学和北京邮电大学试点现代远程教育。1999年11月，教育部高等教育司选择了20门网络课程在有关学校实施课程建设研究与开展远程教学试点。为加快现代远程教育工程资源建设步伐，推动优秀教学资源的全国共享，促进我国高等教育整体质量和效益的提高，教高司〔2000〕29号文件《关于实施新世纪网络课程建设工程的通知》（以下简称《通知》）掀开了21世纪网络课程建设工程的序幕。《通知》中发布了公共课类，文科类，理工科类，农医类，财经、政法、管理类5大类，34小类，288个项目。"新世纪网络课程建设工程"是"现代远程教育工程"的重要组成部分，通过两年的时间分期分批建设了200多项基础性、示范性的网络课程、教学案例库、教学素材库和试题库。《新世纪网络课程建设技术规范》《新世纪网络课程建设工程质量认证标准》等文件为工程建设提供了政策指导及建设标准。31所高校的网络学院积极开发网络课程提供学历教育，如浙江大学远程教育学院4个专业设置了57门网络课程，清华大学网络学院2000年秋季6个专业提供了42门课程。

第五阶段（2001—2005年）："十五"规划时期，确定以精品课程建设为重点的实施阶段。进入21世纪，随着社会主义市场经济体制的完善和经济结构的战略性调整，社会对高等教育人才培养的质量提出了新的要求。全国教育事业"十五"规划对课程建设提出了更高的目标。

2001年，教育部印发了《关于加强高等学校本科教学工作提高教学质量的若干意见》，就加强教学工作提出了12条针对性很强的要求。

2003年4月，教育部下发《教育部关于启动高等学校教学质量与教学改革工程精品课程建设工作的通知》，启动"精品课程建设计划"，计划用5年时间（2003—2007年）建设1500门国家级精品课程，通过精品课程建设，大范围推进高校课程建设，推动高校教学水平的整体提高。同年5月，教育部办公厅印发《国家精品课程建设工作实施办法》，正式实施精品课程建设。精品课程建设从此在全国各高校全方位、宽领域、多层次地展开，并逐步形成了各门类各专业的"校、省、国家"三级精品课程体系。结合教育部提出的高等学校教学质量工程的要求，高等教育出版社同时也正式启动了"高等教育百门精品课程教材建设计划"，斥资1000万元支持和推动全国高校的精品课程教材建设工作，重点支持建设一批本科教育公共课、基础课和专业主干课程精品教材，评选出"高等教育百门精品课程教材建设计划"精品项目170项，立项研究项目184项。此项建设调动了高校教师在教学和科研工作基础上建设立体化精品教材的积极性和创造性。

各高校踊跃建设并申报国家精品课程。多所高校按照《通知》要求，先后制定了本校的精品课程管理办法。分别从精品课程的"五个一流"要求出发，从课程建设的指导思想、申报程序、管理机制、验收标准等方面明确了课程建设框架。

2000年6月，启动实施"新世纪网络课程建设工程"以来，120多所高等学校提交2000多项申请书，扩大了网络课程建设影响，提高了高等学校网络课程建设的认识。经过两年多的建设，"新世纪网络课程建设工程"实际建设了319门网络课程。

2003年对"新世纪网络课程建设工程"进行了验收。50多门课程在中国地质大学、北京理工大学、北京语言大学等高校的网络教育学院广泛使用。在资源建设、网络支撑平台、资源库管理系统、远程教育信息管理系统、网络课程测评、资源建设规范等方面均取得了一定的成果。清华大学的"新世纪机械原理网络课程建设"项目是教育部立项启动的"新世纪网络课程建设工程"首批项目之一。学校选用精品教材作为网络课程开发的蓝本，以知识的建构过程进行网络课程的教学设计，研制开发了高水平的"新世纪机械原理网络课程"。

第六阶段（2006—2010年）："十一五"规划时期，加强精品课程网站建设，推动精品课程建设进一步深化，实现精品课程的示范推广作用。《中华人民共和国国民经济和社会发展第十一个五年规划纲要》中指出："十一五"时期要着重提高高等教育质量，推进高水平大学和重点学科建设，增强高校学生的创新和实践能力。经国务院批准，教育部、财政部联合下发了《教育部财政部关于实施高等学校本科教学质量与教学改革工程的意见》（教高〔2007〕1号），实施"高等学校本科教学质量与教学改革工程"，也就是"质量工程"。《意见》针对目前教学工作当中存在的主要问题提出了6方面20条具体要求。再次强调、细化了质量工程。指出："继续推进国家精品课程建设，遴选3000门左右课程，进行重点改革和建设，力争在教学内容、教学方法和手段、教学梯队、教材建设、教学效果等方面有较大改善，全面带动我国高等学校的课程建设水平和教学质量。"

按照"质量工程"要求，全国2000多所高校深入实施高等教育质量工程，进一步深化课程建设。精品课程建设的目的是实现精品课程与现代信息技术的广泛结合，通过开发网络教学资源，构建网上教学体系，创建开放式、资源丰富的教学网站等形式，实现学生的个性化学习和研究式学习，培养学生的自主学习能力和创新学习能力，构建一种以学生为主体、以教师为主导、以培养学生能力为目的的新的教学模式。

为了保证精品课程建设的可持续发展，发挥精品课程的示范辐射作用，实现优质教学资源的共享利用，现代教育技术手段的合理运用也是精品课程建设的一项主要内容。要使用网络进行教学与管理，相关的教学大纲、教案、习题、实验指导、参考文献等要上网并免费开放，鼓励将网络课件、授课录像等上网开放，实现优质教学资源共享，带动其他课程的建设。精品课程的申报评审也采取网络方式进行，要求申报课程必须建立教学网站。为此，各个高校和广大教师都积极开展精品课程平台建设及课程教学网站制作工作。

已建成的精品课程网站包括两种功能：对外是向其他院校提供共享的一个课程资源网站；对内是日常教学工作的网络辅助教学或全程网络教学的教学网站。目前，多数精品课程网站是依托学校的网络教学平台来搭建的。主要包括精品课程申报网站和课程网站建设两方面的内容：申报网站按照评审要求提供课程介绍、教学团队等相关信息；课程网站则通过多媒体课件、课程录像视频、在线测试和交流论坛等形式为学生提供了一个良好的学习平台。从教学内容、网页制作、网站导航等方面整合现代化资源和教材，充分利用多种媒体技术，把文字、图像、声音、动画、影像等多种媒体综合起来，展示参考资料、授课录像、题库、习题等课程内容，构建多种媒体资源优势互补的、支撑网络教学的立体化资源，更好地辅助课堂教学，从而有效提高教学效率和质量。

为进一步推进高水平网络课程的建设，促进网络教育资源的整合与共享，推动网络教育的发展、改革和创新，提高网络教育教学质量和人才培养质量，教育部高等教育司于2007年开始了网络教育精品课程建设与申报工作。2007年有192门网络教育课程参加了评审。经过网上初评和会议终审，产生了2007年度网络教育精品课程49门。

2008年有54所现代远程教育试点高校的158门网络教育课程参加申报，产生网络教育精品课程50门。网络教育精品课程的评选推动了网络课程的快速发展。

近年来，以课程整合提高教学质量为目标的课程群建设日益得到高校的重视。多所应用型本科高校尤其是高职院校积极开展了课程群建设的实践与研究。通过加强对课程的整合性、综合性建设的探索，推动专业课程的全面优化整合，深化高等院校课程体系建设和课程改革，实现教学资源的优化配置。

第七阶段（2010—2015年）："十二五"建设期间，加强国家精品开放课程建设与共享。随着知识经济时代的到来，教育正从一次性学校教育向终身教育转变，2011年，《教育部财政部关于"十二五"期间实施"高等学校本科教学质量与教学改革工程"的意见》（教高〔2011〕6号）提出加强国家精品开放课程建设与共享，标志着课程建设进入网络时代。

（二）典型课程建设与管理

1."精品课程"建设与管理。精品课程建设在推动优质课程和资源建设，实现优质教学资源共享，促进高等教育协调发展，特别是全面推动教学内容信息化建设等方面发挥了积极作用。精品课程带来的以提高教学质量为导向的激励机制，特别是把教育信息化作为提高教育质量的新手段，调动教师教学改革的积极性和学生主动学习的积极性方面发挥了重要引领作用。

（1）精品课程的概念和教育理念。精品课程是具有特色和一流教学水平的优秀课程。精品课程应具有五个要素，即高校本科教育教学管理研究与进展具有一流教师队伍、一流教学内容、一流教学方法、一流教材、一流教学管理。精品课程通常具有"体现现代教育思想，符合科学性、先进性和教育教学的普遍规律，具有鲜明特色，恰当运用现代教学技术、方法与手段，使用一流教材，教学效果显著，具有示范和辐射推广作用"等特征。精品课程强调的是一种全新的教育理念，即以科学性、先进性、特色性、创新性、应用性、有效性和示范性为指导，树立精品课程建设可持续发展的观念。在课程整体水平提高的基础上，有计划地创建和培育精品课程。通过精品课程的示范效应，带动课程整体水平的提高，形成课程建设的良性循环。

（2）精品课程的建设进展。2003年，教育部启动精品课程建设工作，提出用5年时间建设1500门国家级精品课程，目的是利用现代化的教育信息技术手段将精品课程的建设内容上网并免费开放，实现优质资源共享。2007年，教育部提出继续推进国家精品课程建设，遴选3000门左右课程进行重点建设的目标，国家投入大量的人力、物力、财力进行建设，精品课程作为质量工程的主要建设内容得到了进一步的深化，逐渐形成了国家、省、校三级建设体系。到2009年底，教育部共开展了六届精品课程遴选，累计评选出国家精品课程3060门（包括本科、高职高专、网络教育），涉及31个省、市、直辖市自治区（西藏除外），644所本科、高职院校及远程教育学院。2003年共遴选151门，其中本科127门，高职高专24门；2004年共遴选300门，其中本科249门，高职高专51门；2005年遴选314门，其中本科248门，高职高专61门，任职教育5门；2006年遴选374门，其中本科263门，高职高专106门，任职教育5门；2007年遴选632门，其中本科411门，高职高专172门，网络教育49门；2008年遴选641门，其中本科395门，高职高专196门，网络教育50门；2009年遴选648门，其中本科404门，高职高专194门，网络教育50门。2000年，国家精品课程资源中心累计建设国家级精品课程3020门，省级精品课程6044门。可以看出，在3060门国家级精品课程中，本科院校2097门，占68.53%。课程类别范围涉及工学类、理学类、经济学、管理类、文史类、法学类、教育类、信息科学、医学、艺术、两课类等11个一级学科，其中，工学类占31.24%，理学类占17.22%，法学、教育、两课和艺术类占比例较少。到2010年，累计完成国家精品课程建设3909门。

（3）精品课程建设的作用。精品课程逐级评审和政策激励机制有利于调动地方和高校建设精品课程的积极性，建立各门类、各专业的校、省、国家三级精品课程体系；引导高校进行课程内容改革和建设，整合教学改革成果和优质教学资源（先进的教学理念、模式、方法），实现优质教学资源共享（教师），促进学生自主学习，整体提升学校的教学水平。

①带动课程整体建设水平提高。通过在教学内容、教学方法和手段、教学梯队、教材建设、教学效果等方面的较大改善，全面带动我国高等学校的课程建设水平和教学质量提高。精品课程拓宽了学生的视野、专业面，培养了学生的创新能力。

②实现优质教学资源共享。实现课程的教学大纲、授课教案、习题、实践（实验、实训、实习）指导、参考文献目录、现场教学录像等课程资料全部上网，为广大教师和学生提供免费共享的优质教育资源。

③造就一批优质教育资源。通过精品课程的建设可以造就一批一流的师资队伍，建设一批一流的教学内容，产生一批一流的教学方法，出版一批一流的教材和创造一批一流的教学管理。

④推动新型教育教学改革实施。精品课程的建设为专业建设、人才培养模式的改革打开了方便之门，新型课程开发为人才培养模式改革的有效实施提供了有力的支撑和保障。

（4）精品课程的建设重点。以人才培养为唯一目标建设精品课程。按照相关教育法律、法规规定，本科教学要求学生系统地掌握本学科、专业必需的基础理论、基本知识，掌握本专业必要的基本技能、方法和相关知识；具有从事本专业实际工作和研究的初步能力。可见教师的责任是人才培养，而课程是实现人才培养最有效、最直接的载体。课程是本科教育的主战场，精品课程是提高人才培养质量的试验田和先锋队。

课程建设要与学校的人才培养定位、人才培养模式相一致，相互支撑。不同的学校应该根据学校自身层次、特点等实际情况开展课程建设和精品课程建设。以人才培养质量为最终目标，遵循教育教学规律，在教学内容、教学方法、教学手段和教学效果方面深化课程建设和改革。同时加强师资、教材、资源、实验室、图书馆等方面的教学保障。重点做好以下几方面建设。

①在教学内容方面：要处理好经典与现代、理论与实践的关系，重视在实践教学中培养学生的实践能力和创新能力。

②在教学条件方面：重视优质教学资源的建设和完善，加强课程网站的辅助教学功能。

③在教学方法与手段方面：灵活运用多种教学方法，调动学生学习积极性，促进学生学习能力发展，协调传统教学手段和现代教育技术的应用，并做好与课程的整合。

④在教学队伍的建设上：注重课程负责人在实际教学工作中的引领和示范作用，促进教学团队结构的完善和水平的提高。

⑤体现能力导向的教育：以学习能力为代表的发展潜力是用人单位最关注的素质之一。通过教育唤醒学生的力量，培养学生自我性、主动性、抽象的归纳能力和理解力。

⑥重视教学内容和课程体系的改革：更新教学观念，优化教学内容，采用先进的教学方法和教学手段，深化课程体系改革。

第三节　高校教育质量监控管理体系

学校开展的各项教学活动是教学质量的一种动态体现，是学生在教师的引导下，系统学习科学文化基础知识和基本技能，确立科学的世界观、人生观和道德观，发展智力和体力，提高学生全面素质的过程。因此对整个教学过程实施质量监控，确保教学过程各个环节的有效运转，真正做到按教学自身发展的规律组织教学，运用科学的方法管理教学，调动全体师生在教与学当中的积极性、创造性，实现教学管理科学化、民主化、现代化是非常重要的。通过监控体系的建立与实施，不断提高高等学校的教育教学质量。

一、我国高等教育质量保障体系的发展历程

教学质量保障体系是指学校以提高和保证教学质量为目标，运用系统方法，依靠必要的组织结构，把学校各部门、各环节与教学质量有关的质量管理活动组织起来，将教学和信息反馈过程中影响教学质量的一切因素控制起来，形成有明确任务、职责、权限、相互协调、相互促进的教学质量管理的有机整体。

（一）新中国成立前高等教育质量保障体系研究

第一时期（1862—1894年）：1862年成立的京师同文馆和1866年创办的福建船政学堂是当时代表性的教育机构，其目的是培养适应当时社会需要的通晓各国语言和技术的创新人才，特别是军事技术人才，而不是培养各级封建官吏。1894年前后，国内创建了30多所新学堂，它们以西方现代学校办学模式为样本，借鉴西方学校的教学制度和课程设置，培养应付西方殖民主义者所需要的人才，是清政府的应急产物。

第二时期（1895—1911年）：1895—1898年，相继成立的京师大学堂、上海南洋公学和天津中西学堂是中国现代大学的先驱，这段时间是中国现代高等教育发展的重要时期。20世纪，清政府颁布实施的"癸卯学制"是我国第一部含高等教育在内的具有现代意义的全国性学制。辛亥革命前，中国现代高等教育的发展带有明显的日本模式。

第三时期（1912—1927年）：该时期是中国高等教育发展模式的多元化时期，封建帝制的结束使现代高等教育进入了新的发展环境。1917年，蔡元培借鉴德国"学术自由，教授治学"的高等教育理念在北京大学实施，以南京师范大学为前身成立的东南大学则借鉴美国大学的高等教育理念，到20世纪中期，东南大学的发展成就位于中国高等教育领域的前列。

第四时期（1927—1949年）：该时期主要以美国高等教育模式为主，融合欧美各国特点。1927年6月设立"中华民国"大学院，下设独立于政府之外的大学委员会，议决全国高等教育发展的重大事项。在省一级试行大学区制，每个区内设一所国立大学，区国立大学的校长为大学区区长，综合处理学区内的所有学术教育事情。

（二）新中国成立初期我国高等教育质量保障体系研究

第五时期（1949—1957年）：新中国成立初期，我国的教育模式全部以苏联教育为模板，注重培养"德、智、体"全面发展的专门人才。

第六时期（1958—1977年）：该时期我国高等教育发展开始回归"传统"，摒弃一切外来模式，走独立自主、自我发展的道路，借鉴延安根据地的办学经验指导高等教育的改革。1958—1977年，中国高等教育先后受"大跃进""大调整""文化大革命"等运动的干扰和影响，发展缓慢。

（三）改革开放后我国高等教育质量保障体系研究

第七时期（1978年以后）：改革开放的政策使中国的高等教育走出国门，博采众长，1985年颁布《中共中央关于教育体制改革的决定》、随后颁布实施《中华人民共和国高等教育法》《中共中央国务院关于深化教育改革全面推进素质教育的决定》《面向21世纪教育振兴行动计划》

等系列法规，充分借鉴世界各国高等教育的经验，促进了高等教育的深化改革。

20世纪80年代，开始研究工科院校的评估方案；1994年开始合格评估；1996年开始优秀评估；1999年开始随机评估。2003年在综合以上评估方案的基础上，统一为教学水平评估，建立了五年一周期的水平评估制度；2008年完成了第一轮本科教学评估，共评估589所普通本科院校。这是以教育部管理的高等教育评估为主体的高等教育质量保障体系。

目前，高等教育质量保障体系随着评估内容的调整发生了新的变化，如在质量保障的主体方面，已由过去单一的政府主导变成了自我评估，由过去的政府直接参与学校管理变成了政府只起宏观调控的服务作用，同时积极鼓励社会团体等中介机构参与、监督学校的教学质量评估，充分调动了高校的自主性、积极性。保障的主体变得多元化，即实行了政府宏观调控、社会参与监督、学校自主管理的保障模式。评价标准方面，由过去注重学术、学历的单一标准向现在注重实用的多元标准转变；评价手段转向全面，如采用了课堂评估、学校领导听课，同行评估，学生评估，教学督导评估等手段，以全面提高高校的教育教学质量。

二、重构教学质量监控的过程管理体系

在新时期，深入贯彻《国家中长期教育改革和发展规划纲要》，再造合理、完善的教学质量监控体系是全面提高教学质量的必然要求，是依法治理学校的良好体现，关系到学校发展的各个环节，是一项庞大的系统工程，也是学校改革与发展的一项艰巨任务。高等学校教学质量的主要影响因素分硬件与软件两方面：硬件方面主要是教学设施条件，软件方面有生源质量、教师的教学水平、学生的学习水平、校风、教学管理水平等。其中，教学质量管理在学校现有办学条件下起着非常重要的作用，其重点是对教学的全过程进行有效的教学质量监控。在新形势下，

采取一系列措施再造与重构教学质量监控过程管理体系并付诸实践，对于全面提高教学质量起着关键的作用。

（一）指导思想与基本原则

1.指导思想。坚持以教学质量为生命线和以学生为本的指导思想，重视教学各环节的教学质量，使教学质量监控与保障体系运行始终围绕高素质创新人才的培养。

2.基本原则。

（1）目标原则：教学质量监控与保障的目的是保证完成教学任务，实现培养目标。其任务就是发现偏离于计划目标的误差，并采取有效的措施纠正发生的偏差，从而确保教学任务与培养目标的实现。

（2）全员性原则：教学质量离不开全体师生员工的共同努力，人人都是质量监控与保障系统中的一员，其中，学生是主体，教师是主导，系（部）、教研室是基础，职能部门是核心，院系领导是保证。

（3）系统性原则：教学质量涉及教师、学生、教学设施等多方面，同时与学院办学定位、培养目标和管理等密切相关，是一个系统共同作用的结果。由学院、职能部门、系（部）、教研室和学生班级等构成的一个多层次、纵横交叉的网络，是一个完整的教学管理系统。

（4）全程性原则：教学质量主要是在教学实施过程中形成的，质量监控与保障系统应对教学的全过程进行监控，要做到事先监控准备过程，事中监控实施过程，事后监控整改过程。

（二）目标与保障措施

1.目标。构建教学监控与保障体系，重点是建立、完善科学、合理、易于操作的评估高校本科教育教学管理研究和进展指标体系与相应的奖惩制度。通过教学质量的动态管理，促进学院合理、高效地利用各种资源，保证教学工作的正常运行，全面提升学院教学质量。

2.保障措施。

（1）组织保障。确保教学质量保障与监控体系的正常运行，充分发挥全院性原则，建立校院两级组织机构，形成"专兼并举，主辅结合"的管理队伍，形成管理合力。

（2）制度保障。使各项教学管理工作制度化、科学化、规范化和现代化，保证教学工作有序进行与教学质量不断提高，系统地建立一套较为完整的管理规范体系，使整个教学活动有章可循、规范有序。

（3）经费保障。促进教学质量不断提高，在教学设施建设、专业建设、课程建设、师资队伍激励等方面按照建设与发展要求，给予经费支持。

（三）教学质量监控与保障体系的构成

教学质量监控与保障体系由教学质量决策、教学质量监控、教学质量实施、教学质量信息收集、教学质量信息反馈5个子系统组成。它是一个逐层向下监控、逐层向上负责的"责权合一"的质量管理系统。本科教学工作的组织、安排责任在学校及各相关学院，教学环节的设计与实施的责任在教师。

（四）教学质量监控与保障体系各子系统的功能

1.教学质量决策系统。教学质量决策系统由主管教学校长负责的教育教学建设委员会组成。通过教育教学建设委员会等组织开展教学决策活动，负责对教学工作进行宏观指导与管理，审定各教学环节的质量标准，协助协调各院（系）、职能部门按照基地的发展定位、办学理念和人才培养目标，制订本科教育教学改革与发展规划和条件建设计划。

2.教学质量监控系统。教学质量监控系统由学院（系）党政"一把手"

负责的院级领导小组组成。通过制定一系列规章制度，激励广大教师开展教学工作，负责组织学院（系）教育教学建设委员会委员、教学督导专家、管理人员及学院（系）聘请的其他人员，对教学工作各个环节进行质量巡查，开展本科教学工作状态监控，实施质量评估。

3.教学质量实施系统。教学质量实施系统由教学副院长（主任）负责的教学质量保证系统组成，负责落实学院（系）教学工作的中心地位、落实授课教师教学任务、推进教学内容与课程体系改革、做好专业、课程、教材、现代化教学手段建设等工作；配合学院（系）完成对各教学环节教学工作的状态监控和质量评估。

4.教学质量信息收集系统。由院（部、系）教学副院长（主任）负责的教学质量信息收集系统组成，包括教师评学、学生评教。通过各种方式，广泛收集各级各类人员和学生对教师课堂教学效果的评价意见；对教风学风建设、教学改革的有关建议；对实践教学环节，尤其是对毕业论文（设计）的意见和建议等。汇总、处理各类意见和建议，及时反馈给相关学院、授课教师、学生班级和学生管理部门等。

5.教学质量信息反馈系统。由院（部、系）教学副院长（主任）负责反馈教学状态及质量测评结果，信息及时到位，问题、责任到人，发现问题限期整改。对于通过教学检查、质量抽查或其他渠道获取的教学信息，通过文件、报告、简报或校内媒体等方式及时发布给有关教学单位和部门，要召开教学信息反馈会，敦促教学问题尽快解决。

（五）教学质量监控的主要环节及实施要点

1.专业建设。专业建设的主要监控点为人才培养目标，人才培养方案的制订、执行与调整，专业办学水平与特色，课程体系建设等方面。

2.课程建设。课程建设的质量监控主要从建设目标、实施计划、课程师资梯队、特色创建、改革成效等方面进行评价。

3.教学大纲的实施。教学大纲是进行教学管理、教师组织教学的主要依据。对教学计划、教学大纲实施情况的监控主要从课程安排情况、教学计划落实情况、实验课开设情况、实践环节的落实情况、教学大纲编写、教材选用、学生考试情况等方面进行评价。

4.课堂教学。课堂教学是教学质量的核心环节。主要从课前准备、教学过程、课外作业与辅导、成绩考评等方面实施监控,包括备课是否充分、教案是否完整、教材是否恰当;讲授是否清晰、概念是否准确、内容是否更新、重点是否突出、是否启发思维、是否因材施教;课后作业与辅导是否到位;学生课程学习成绩考核是否科学、合理等。

5.教材质量。对教材质量的监控主要从教材水平、使用效果等方面进行评价。

6.实践教学。实践教学监控主要考核创新科研实验平台的内容与体系改革,实践计划、执行及效果。

7.毕业设计(论文)。毕业设计(论文)监控主要从选题性质、难度、分量,开题、中期、答辩、综合训练度、指导教师资格与水平及精力投入,学生学习态度、实际能力、设计(论文)质量、规范度、基础理论与专业知识、学术水平等方面进行评价。

8.教学效果。教学效果监控主要从讲授质量、教学方法运用、教学手段的使用,教书育人、因材施教、学生学习课程知识的情况,考核试题与评阅质量等方面进行过程监测和事后评价。

9.教学改革。教学改革一方面着重于教学管理、教学内容与课程体系、人才培养模式、实践教学、文化素质教育等方面的改革成效;另一方面侧重于教学内容的改革、教学方法与手段的创新、多媒体课件的开发,争取教改项目的积极性、推出教研成果、编写并出版高质量的教材或教学参考书等方面。

8

第八章

高校教育管理体系中的行政管理建设

第一节 高校行政管理综述

教育行政管理旨在培养具有较为扎实的经济科学、管理科学和教育科学理论基础，具备较为开阔的社会科学学术视野和掌握现代教育经济与教育财政研究方法的复合型专业人才。以适应我国政治经济文化发展和教育教学改革对高层次人才的需要，为中国教育经济与管理的发展造就一批与时俱进、奋发有为的高级人才。

高校行政管理通过控制、协调、指挥、组织和计划的措施，构建良好的生活、工作及教学秩序。为高校高素质人才的培养、研制高层次科研成果奠定坚实的基础。行政管理的主要工作是为高校中的师生提供良好的行政服务，确保学校科研及教学等工作的顺利展开，但是其具有工作内容复杂、工作量大等缺点。因此，让高校行政管理的工作为高校师生提供服务，就一定要重点注重高校改革及发展中高校行政管理的重要性，强化其服务性的根本性质。

高校行政管理与学术管理相辅相成，因此，高校的内部事务可划分为学术事务和行政事务。与之相对应，高校的管理可以划分为性质不同而又有关联的学术管理和行政管理。高校是知识的殿堂，"学术性是大学的灵魂"，学术管理在高校管理中具有举足轻重的作用。高校学术管理的主体包括学术人员和学术组织。学术管理的客体是学术事务，包括教学活动、科学研究、学科建设、课程设置、师资培养、学位授予，以及就业、招生等事务。高校具有学术属性的同时，还具有行政属性，在其发展的过程中形成了自己的科层制结构，具有自己的行政体系。高校行政管理的主体是行政管理人员和行政机构，其客体是行政事务，主要涉及人事、组织、宣传、基建、后勤等事务。

大学的终极目的是要充分利用人力、物力等资源来实现学校的各项工作。我国的大学行政管理体制是在吸收国外先进经验的基础上，根据我国的实际情况，逐步建立起来的。这种管理体制对于保证高校教学和科研两大任务目标，培养高素质的大学生有着举足轻重的作用。目前，我国的大学规模较大，学生人数较多，教学质量有所提高，教学条件有所改善。随着我国经济的快速发展，高校的教学管理水平也随之提高。高校行政工作是高校办学方向、贯彻党的教育政策的重要保障。高校的行政管理水平直接关系到教育科研资源的合理分配，有效的管理工作是学校实现跨越发展的关键。

第二节　当前高校行政管理中的问题及思考

一、高校行政管理中的问题

当前，各大高校实施高校行政管理的方式存在着差异。大部分传统高校行政管理的实施具有一定的基层制特点，在权力与人事方面存在下级负责上级的特点。当上级制定管理目标之后，每一级的行政管理根据上级目标的制定，制定分目标。学校采取的行政政策也是逐级落实到基层。高校传统的行政管理在具体工作中缺乏创新意识、因循守旧、视野过于狭窄。学术与行政各部门相比而言，后者的权力明显高于前者。高校的主旨是学术研究，这是产生新观念、新思想、新知识的必经之路，也是高等院校在今后发展的最终趋势，更是高校学术创新、思想、知识以及文化建设的决定性条件。因此，高校学术管理应该具有相应的自治性与独立性。但是在目前高校行政管理状况中,学术权力的位置被行政权力所挤占,而且还呈现逐步加重的势态。学术权力的降低使高校学术研究受到严重的阻碍,其功能也被严重削弱。

(一)高校行政管理部门观念落后,缺乏服务意识

行政人员还没有形成相应的观念,工作人员对自己的定位没有放在服务上。许多高校在进行行政工作时,仍然遵循着旧方法、旧思维,其规范化、法制化程度明显不足,已不能满足高校教育发展的要求。在行政上,重视机构,重视权力分配,重视规则,而在人才的培养上,却受到了严重的忽略。在做事情时,领导者不表态,不站在自己的位置,导致一成不变。同时,高校的基层行政机关也要接受多层次的领导。由于工作繁忙,基层干部很少有时间去思考和研究,导致高校的行政工作质量低下,无法满足学生和教师的特殊需求,进而造成行政工作效率低下。

(二)行政管理人员素质偏低,无法满足发展需求

从某方面来说,行政管理应当属于一项辅助性的工作。在实际的行政管理中,注重效率与质量。但是在某些高校中,工作人员的素质与行政管理工作不符。第一,行政管理的人员来源范围广,很多工作人员并没有经过系统高等教育基础理论与专业管理知识的培训,也没有经过选拔,存在严重的"照顾"因素。这也导致行政人员素质缺位现象的发生。第二,高校高层领导对行政管理产生错误认识,认为其可有可无。在平时工作中,工作人员疏于管理,采取放养式的管理方式,并未给其提供机会进行职业培训,也造成工作人员没有较高的素质。第三,受到机关化带来的负面影响。有部分工作人员没有先进的工作方式,注重形式,官僚主义现象严重。在平时,也没有通过学习武装自己,造成工作人员素质水平下降。

（三）高校行政管理组织结构不合理

体制不够科学，管理人员太多。我国高校的行政体制存在着太多的层次，很多职能各不相同，机构之间存在着很大的交叉，而且行政管理人员的数量也是一年比一年多，导致学校管理人员繁杂，难以实现理想的管理，导致学校的决策力量分散、权力模糊、效率低下。这就造成了老师和学生在处理日常事务中所面临的烦琐工作。往往一件小事就会牵扯到许多部门，而且各个部门的权力和责任都不明确，权力也会被广泛地使用。在这种情形下，行政机关之间合作不足，不仅浪费了大量的人力物力，还大大降低了行政机关的工作效率，也给师生带来了很大不便。而有的大学在行政组织结构上比较单一化，忽略了对学校全体师生的责任与工作，形成了一种由上而下的管理方式。而大学合理的行政组织架构应当是一种由下至上的良性结构。这种不合理的机构结构，极大削弱了行政系统的工作效率，也极大制约着大学的教学与研究。另外，我国的行政管理也存在着官本位和等级制度。

二、高校行政管理改革与创新的重要意义

从以上的分析可以看出，当前我国高校的行政工作还存在很多缺陷和缺陷。行政工作中存在着一些问题，这些问题对大学教学工作的顺利开展起到了一定的作用。因此，对高校行政管理进行改革与创新，就显得尤为重要。

（一）适应新时期发展需要

大学作为知识创新和高层次人才的重要组成部分，其在社会中的地位日益凸显，对社会的影响日益显现。随着大学教育的不断发展，新时代的各种需求，大学越来越注重改革和创新。只有转变观念，更新管理

模式，才能推动高校管理体制的变革和创新，以适应新时代的发展要求。

（二）保障高校改革发展顺利实施

在我国高等教育改革的进程中，行政管理发挥着协调、激励、参谋、保障等多种功能。高校在日常管理中存在的一些问题，将会对学校的整体工作产生重大影响，从而影响到大学的未来发展。同时，在这一过程中，行政管理也是通过运用各种服务来解决各种部门间的矛盾，从而达到扬长避短、最大限度地发挥各自的作用，从而推动高校深化改革，从而进一步健全监督和检查体系，针对各个部门的具体情况，制定相应的监管要求，从而推动学校的工作顺利进行。

三、完善高校行政管理的基本思路

（一）行政与学术的协调

大学的行政和学术管理是大学特有的组织形式，其实质是推动大学的持续发展。在这个过程中，必须要有两个部门的相互配合，才能确保所有问题都能得到有效解决，才能更好地促进学校的决策科学性和合理性，避免资源的浪费。要协调好二者的关系，必须从管理体制、机构设置、制度建设和工作流程等方面入手，使学术管理和行政管理更加规范化。

（二）实施灵活的管理

在高校的行政工作中，运用灵活的管理方法，既能充分发挥员工的积极性和主动性，又能增强行政与科研人员的沟通，促进学校管理的目的。而实施灵活管理，必须树立民主管理的观念，加强民主参与。在学校的各种行政决策中，教师和学生都要积极参与，以培养教师和学生的自主性和使命感。运用灵活的管理方式,能激发人的内在动力,推动和谐校园的建设。教师和学生的情感需求也应得到充分的重视。以人为核心的柔性管理,对员工的充分尊重和理解是实施柔性管理的先决条件。在行政过程中,充分突出人的核心地位,能够增强亲和力和凝聚力。

(三)加强管理人才队伍建设

行政管理体制的改革与创新,对行政队伍的建设起着举足轻重的作用。要提高行政管理的质量,必须不断地加强和优化行政管理队伍。因此,在管理人员的选择上,必须严格遵守相关的规范和规范,以确保其整体素质能够满足这一要求。

(四)转变高校行政管理的观念

首先,在行政管理中,要做到以人为本,转变对行政管理的认识。对自身进行明确定位,树立正确的管理观念。其次,在实施行政管理工作时,积极探索以人为本的方法及思路。转变行政管理工作的工作方式,重点实现以人为本的管理。最后,在实际工作中,对于被管理者要给予足够的尊重。在日常教学中,关心教职工,让他们没有冷落、孤立的感觉。使被管理者能够积极发展。坚持以人为本,不仅可以更好地落实行政管理的各项工作,而且也提高了行政管理在高校运行中的影响,更充分地发挥行政管理的重要性。

(五)深入高校行政管理理论研究

实践出真知,却是建立在现有理论的基础上。因此,为更好地促进行政管理工作的开展,很有必要对其进行理论研究。第一,行政管理课题进行立项,鼓励学者对其理论进行研究,营造良好的研究氛围。第二,给予取得行政管理成果的学者奖励,调动高校学者研究的积极性,促进理论研究的顺利完成。第三，采纳成功理论研究进行深入研究。借鉴先进的研究经验，结合高校发展的实际情况，研究出适合自身学校发展的理论。

总之，随着大学教育的发展，大学的行政工作是一个重要的工作内容。为了适应大学的发展，必须对高校的行政管理进行改革和创新，以促进其在大学中的实际应用。

第三节　高校行政管理改革与创新的具体措施

一、重视高校思想政治教育

行政管理是学校管理的重要组成部分，高校的行政管理应该结合学校的办学特色和人才培养目标，根据相关的管理原则和办法，按照一定的流程，监督学校各个组织和部门的活动计划及进度，以实现学校各项资源的管理。思想政治教育是高校行政管理的重要基础，而行政管理也是顺利开展思想政治教育的良好保障。为了使高校思想政治教育和行政管理的作用有效地发挥出来，需要将两者有机地结合起来，以促进高校教育水平的提升。

（一）高校思想政治教育和行政管理的关系

1.思想政治教育是开展行政管理工作的思想基础。高校在制定和实施行政管理措施时，都是要用思想政治教育来作为指导的。行政管理的目的是用规章制度来对高校师生的行为进行规范，因此行政管理活动具备强制性的特点。行政管理规范被管理者的行为，但是无法实现对被管理者的思想教育，简单来说，就是即使高校的师生不认同学校的某些制度，但是为了不受到处分，也必须遵守规章制度。如果要让师生认可学校的规章制度并且能够自觉地执行，就需要在思想上对师生进行教育，让被管理者对制度的制定能够真正地理解，在思想层面上认可该制度，这样学校的规章制度才是有意义的。因此，思想政治教育是行政管理活动的思想基础，只有思想政治教育取得了成果，才能为学校的行政管理减小实施的阻力。

2.行政管理是实施思想政治教育的途径。行政管理的强制性措施是思想政治教育的支撑，且思想政治教育能够巩固高校教育的成果。思想政治教育能够让学生树立正确的人生观和价值观，以保证学生的行为能够符合社会主流价值观，符合社会主义现代化建设的要求。然而单纯地教育对于学生产生的影响往往是有限的，对一些自制力比较差的学生，其作用甚至是微不足道的，这就需要运用行政管理的手段来辅助思想政治教育。根据思想政治教育中暴露出来的问题，行政管理依据学生的实际情况有针对性地制定规章制度，强制学生必须按照制度来执行，对于违反规章制度的学生要采取相应的行政处分。因此，强制性的行政管理能够规范学生的行为，约束那些自制力差的学生。

3.思想政治教育与行政管理是相辅相成的。高校教育的最终目的就是培养有理想、有素质、三观端正的人才。思想政治教育与行政管理的根本目的也是促进学生政治思想素质的提高，两者在其中起着相辅相成的作用。从某些角度来说，思想政治教育就是一种柔性的行政管理，而行政管理就是强制性的思想政治教育。行政管理活动如果没有思想政治教育作为基础，那么就会得不到学生的理解和认识，从而适得其反；如果思想政治教育没有行政管理作为执行手段，那么就会丧失强制力，对学生起不到教育的作用。因此，思想政治教育是实施行政管理的思想保障，而行政管理是实施思想政治教育一些强制性措施的手段。思想政治教育通过教育促进学生思想认识的提高，行政管理通过规章制度对学生的行为进行规范，两者都是为了学生树立正确价值观，并对学生做出正确的人生选择进行引导。

（二）高校思想政治教育和行政管理有机结合的具体做法

1.改进思想政治工作体系以推动行政管理工作的顺利开展。第一，高校的思想政治工作主要是对学校的工作人员进行思想教育，学校要利用先进的管理理论来加强思想教育。学校要培养工作人员的参与意识和责任感，利用多种思想政治教育模式，将学校工作人员的参与意识调动起来，加强学校管理人员和被管理人员之间的关系，减少因为不能理解管理者的意图和对策而引起的不满情绪，为工作人员打造一个良好的工作环境。第二，对激励体系进行完善，以将工作人员的积极性充分调动起来，加强工作人员的参与。在以往激励制度的基础上，对管理者的行为激励以及关怀激励和支持激励等激励制度进行不断的改进。第三、强化培训，开展多渠道、多元化模式的业务知识和文化教育，提升工作人员的专业能力。

2.提升行政管理干部的思想政治素质。要保证高校行政管理工作的高效性，关键是要具备一支具有高政治素质的行政管理干部队伍。行政管理干部需要具备高尚的品德和才华，怀抱远大的理想和目标，无私奉献的精神和服务精神，能够克服工作中遇到的各种困难，能够认真努力地完成工作任务。除此之外，行政管理干部还要具有良好的知识构架，具备综合分析能力和处理具体问题的能力，只有道德和才能都具备，才能强化高校行政管理干部队伍的素质建设，因此行政管理干部需要三观端正，不断提升自身的政治素养，才能实现思想政治教育和行政管理的有效结合。

随着高等教育不断地改革和深入，各高校的办学规模也不断加大，这也使得在学校的管理工作中出现越来越多的问题。在这样的形势下，对高校行政管理者的要求也越来越高，而思想政治教育和行政管理的关系密切，高校在实施行政管理的同时，还需要加强思想政治教育工作，全面地提高高校管理的有效性。

二、服务型高校行政管理体系的构建

随着我国经济的快速发展，教育在国民经济中的地位日益凸显，科教兴国已成为国家发展的重要战略。随着我国大学的快速发展，大学的各项设施也不断完善，"服务型大学"的思想渗透到大学的工作中，使高校的教学内容、教学功能等都发生了巨大变化。传统的行政管理方式已不能适应服务型大学的需求，因此，高校的行政工作要适应服务型大学的发展而进行改革。积极构建服务型行政管理体系，深入了解其思想，健全相关的制度，可以极大提高我国的服务型行政管理水平，一方面对我国的服务型大学的发展起到推动作用。另一方面，对提高我国的教育、科研工作的质量起到了很大作用。

（一）高校服务特色的内涵

服务性行政，也就是在学校的行政工作中，以师生的需要为基本目的，为师生提供优质的服务，以提高学校的行政管理水平。服务型行政管理的基本理念是：以学生和教职工为中心，以人为本，以学生和全体教职员工为中心，提供更好的服务；随着我国高等教育改革的深入开展，高校的行政工作将更加开放，使每一位师生都能充分了解到学校的行政工作，从而推动学校与教育、科研工作的有机结合，从而实现两者的双赢。另一方面，利用服务型行政，可以提高行政的公正性，因为学校人员众多，平日里要处理的事务也比较多，因此，利用服务型行政，可以根据学生和教师的需要，实现服务行政的公正。大学行政工作具有如下特点：

1.专业性的服务。高校在管理实践中，往往会遇到一些与专业相关的管理工作，而管理工作又具有很强的专业性，这就给高校行政管理工作者带来了很大的困难。只有具备一定的专业素质，才能更好地开展教学工作，为广大师生提供更好的服务。

2.服务客体具有多样性。服务型大学行政系统的工作重心在于满足师生的基本需要，服务于师生。但是，由于学校数量庞大，个人的需求也各不相同，因此，高校行政系统的服务呈现出多元化的特征。为此，高校行政工作必须根据各方面的需求，为其提供各种服务，以达到其基本需求，提高其服务水平。

3.服务具有规范性的特征。对高等学校的行政体制来说，要使其具有更高的规范性和规范化的服务水平，才能提高其服务水平。为此，高校的行政管理体制应以满足师生的需要为中心，对师生进行标准化的服务，对每个工作环节进行科学的设置和管理，使学校的工作流程得到优化，使学校的师生能够享受到更好的服务，从而推动大学的教学质量和科研水平的持续提高。

（二）高校行政管理服务特性的意义

大学行政工作是学校日常运作与发展的一个重要环节，在大学中具有举足轻重的作用。随着我国高等教育事业的迅速发展，我国高等教育的办学水平的提高也越来越受到人们的重视。

1.服务型大学的行政管理对高校的管理体制改革起到了促进作用。大学行政工作是学校维持正常运行与发展的一项重要工作，是学校开展教学与研究工作的重要保证。不同院校因其自身的具体情况而存在差异，其管理体制也不尽相同，其管理方式对不同院校的影响也不尽相同。而随着我国高等教育事业的发展与深入，传统的行政管理方式已不能适应我国高等教育的发展与建设，必须对其进行相应的改革。服务型大学的行政工作是围绕着大学的学生和所有的教师的需求而展开的，它把所有的工作人员都作为服务对象，从而更好地适应服务型大学的建设理念。因此，运用服务型大学的行政管理，可以有效地推动服务型大学的持续发展，推动大学的教学与研究。

2.加强高校的服务管理，有利于造就高质量、高水平的人才。大学的办学宗旨是为国家、为社会提供优质的人才，而服务型大学则是以师生为中心，注重学生的能力与素质。为此，服务型大学应从学生和教师的需求出发，为大学的教学、科研工作提供更好的服务，为大学的发展打下良好的基础。加强和运用服务型大学的行政理念，可以有效地培养学校的服务意识，从观念上提升服务质量，让行政机关更好地服务于学生和教职工，让高校培养高素质的优秀人才的核心理念能够融入行政管理部门当中，从而使得学校形成为学生服务的理念，提高教师的工作积极性，促进教学水平的不断提高；同时，服务型高校行政管理模式的使用，还可以给学生一个良好的生活和学习环境，激发学生的学习兴趣，提高学生的学习效果，为高校培养出更多高素质的优秀人才。

3.促进大学科研发展的服务型行政。大学作为一个重要的人才培训基地，也是开展科学研究的一个重要地方。传统的大学管理体制只重视行政权力的主体，忽视了学术的功能，使大学的行政体制不能为大学的科学研究做出应有的贡献，从而使大学的科学研究水平难以提高。在服务型大学，既要重视对学生的培养，又要重视对学生和教师的服务，又要重视提高科研水平。服务型大学的行政管理模式可以更好地协调各部门的关系，使各部门在推动大学科研工作的同时，也可以为大学的科学研究工作提供一定的支持。在服务型大学的行政管理模式下，不仅要重视日常工作，而且要面向未来，要有清晰的认识，制定正确的策略，才能提高大学的教学和科研能力。

（三）高校行政工作的服务特色建设思考

1.对大学管理的传统观念的变革。传统的大学管理思想，注重对整个行政工作过程的调控，使得各方面的工作更能与学校的有关规定相一致，而忽视了行政管理要兼顾师生两方面的基本需求，这就造成了服务型大学的行政管理体制难以进行构建和发展，阻碍了大学的发展步伐。在建设高校服务型行政体制时，要改变传统的行政理念，树立"以人为本""以人为本"的理念，对全体师生进行全面的管理。

2.加强高校服务管理队伍的建设。在整个工作过程中，行政工作人员具有重要的地位，其工作能力与素质直接关系到整个行政工作的整体水平。因此，加强高校行政管理工作队伍建设，提高其管理水平，具有十分重要的现实意义。在建设服务型行政队伍的过程中，首先要加强其思想政治素质，培养其职业道德，培养服务意识。

3.构建一套健全的服务学院行政体系。在构建服务型大学的过程中，必须建立健全的制度体系，以确保其顺利实施。要使全体师生都参与到学校的经营活动中去，就必须建立起一套民主的决策机制。同时，也要建立一套对行政工作的评价与监督机制，使师生对服务学院的行政工作有一个适当的评估，并从中汲取不足，从而使服务型大学的行政工作得以顺利进行。

三、建立"以人为本"的行政管理制度

从后勤服务的角度看，高校的行政机关既担负着科研与教学任务，又担负着后勤保障与管理的任务。目前，随着高校办学规模的扩大，行政管理工作的难度越来越大，后勤管理作为学校的中流砥柱，发挥着校内和校外的协调功能，必须建立"以人为本"的行政管理制度，才能有效地促进后勤工作的发展。

（一）大学管理思想"以人为本"

"以人为本"的行政思想，既体现了"为全体师生服务"的目标，又体现了我国教育发展的新要求，对我国政治、经济、文化的发展产生了深刻影响。由于传统的管理方式，学校管理观念落后，忽略了学生的主体地位，造成了行政组织臃肿、管理人员办事效率低、后勤服务质量不到有效保障，严重影响了教学科研工作的开展。因此，必须优化和改革高校后勤管理体制，落实"以人为本"的办学思想，把服务教师、学生作为第一要务，不断提升管理人才的综合素质，才能保证学校的各项工作，推动教育事业的健康发展。

（二）当前高校后勤工作的困难

1.我国的后勤管理观念落后。受传统管理因素制约，武汉某高校后勤管理观念落后，过分强调行政职能，管理僵化，导致后勤管理缺乏阳光性，阻碍了高校后勤行政管理的发展，导致高校后勤服务无法跟上时代发展的步伐，影响了教育教学活动的开展。

2.低水平的后勤保障。高校教育教学以培养高素质、高素质的复合型人才为主要目标。近几年，武汉一所大学的办学规模不断扩大，对学校的设备、服务提出了更高的要求。

3.严重缺少后勤人员。武汉某大学在中长期发展过程中属于计划经济体制，后勤工作人员以教师家属为主，造成了后勤管理人员的管理水平参差不齐、年龄结构不合理、后勤干部短缺、综合素质低、对学校发展趋势和发展需求把握不够，难以为广大师生提供优质的后勤保障。

4.物流运行机制极其不协调。武汉某大学在计划经济体制下，其后勤运行机制存在着很大的不和谐，仍然沿用着传统的后勤管理方式，没有把现代信息技术运用到后勤工作中去，导致高校后勤管理工作缺少科学的指导，不能按照市场经济原则实现高校资源的最优配置，严重制约着"以人为本"的建设。

（三）高校后勤管理体制建设"以人为本"

1.确立"以人为本"经营思想。武汉某大学要实现后勤管理的人性化管理目标，就必须确立"以人为本"的管理思想，保证后勤管理的舒心、放心，能够充分满足现代管理的需要，强化管理的人性化，才能充分调动后勤人员工作的积极性和主动性，确保其在工作中尽心、尽力、尽责，更好地服务于广大师生，让教师和学生在良好的校园环境中工作、学习，从根本上实现人力、财力、物力的作用和效益的最大化。

2.加强后勤保障职能。武汉某高校在高等教育普及化的背景下，正在向社会化的方向发展，大学生中以独生子女居多，其对后勤服务的需求日益提高，为了有效地满足学校、教师、学生的需要，需要进一步优化和完善后勤管理体制，转变传统的行政管理方式，提高高校后勤服务保障功能，为广大师生提供主动、高效、便捷的服务，充分满足高校发展的基本需求。在高校后勤管理工作中，必须坚持可持续发展的道路，做到科学管理，以人为本，不断提升高校后勤管理工作的积极性。

3.建立高素质的后勤干部队伍。要想做好高校后勤保障服务工作，必须重视对高校后勤人员的培养，建立高素质的后勤干部队伍。武汉某高校硬件设施不齐全、后勤短缺现象严重，高校只有加强高素质后勤干部队伍建设，聘请专家开展后勤服务知识讲座，不断更新高校后勤行政管理理念，增强后勤人员的责任感、服务意识和服务水平，才能使高校后勤行政管理跟上时代发展的步伐。

4.优化和完善后勤运作机制。随着科学技术的快速发展，传统的后勤行政管理模式已经不能满足高校教育事业发展的需求，因此，优化和完善武汉某高校后勤运作机制是十分必要的。将先进的信息技术应用到后勤行政管理中，能够实现高校后勤的信息化管理，使后勤行政管理部门及时掌握并汇总工作信息，为高校后勤行政决策创造有利条件。高校还可以构建信息交流平台，有效实现师生和后勤人员的双向互动，提高后勤行政管理水平，使后勤行政管理工作科学化、规范化、合理化。总结高校后勤服务是学校中心任务开展的重要保障，后勤部门只有在服务广大师生的过程中贯彻落实"以人为本"的理念，才能为高校后勤工作和教育教学工作开拓新的局面，实现高校后勤行政管理的科学化和规范化，促进教育教学活动的开展。

四、高校行政管理效率提升策略

面对时代发展的要求，高校行政管理应加强制度建设，依托制度优势提高行政管理效率，积极吸纳优秀管理人才，构建完善的辅助机制，切实解决行政管理中存在的问题，为高校行政管理工作水平的提高提供保障。从制度层面出发，应重点思考提高高校行政管理水平的现实路径。

（一）健全人才准入制度，引进尖端的行政管理人才

在高校行政管理领域，大部分行政管理人员都来自基层，其管理方法与管理理念是在日常工作经验中形成的，而且是以工作经验为基础开展各项管理工作。大部分行政管理人员自身所具备的知识水平偏低，没有掌握新型的管理方式，管理理念较为落后。随着时代的发展，尤其是信息化水平的不断提高，依托工作经验的行政管理模式已无法适应时代发展的各种要求。基于此，在高校行政管理中应高度重视创新管理模式的问题，积极构建完善的人才准入机制，以此提高行政管理队伍的整体水平；应以人才退出机制为辅助，对行政管理人员进行定期考核，依据

其表现决定去留。发挥机制优势，能够激发高校行政管理的活力，提高管理效率与质量。

（二）完善管理和服务的责任制和绩效管理

公立高等院校的经费来源主要为政府拨款，在院校管理层面需要受到行政体制的约束，因此，应结合院校实际，打破传统的单一制行政管理模式，引入管理责任制和服务责任制，以企业管理和服务模式为参考，切实将行政管理工作落实到个人。此外，要适当下放行政管理权力，依据管理人员个人特长合理安排管理岗位，使管理人员的才能得到充分发挥，提高个人发展与高校发展的契合度。

1.明确行政管理人员的职责。在工作中，要想使绩效管理更加有效，就要根据岗位而定。第一，学校要根据自己的业务需要，决定学校的行政机构和工作人员。第二，要明确不同的工作职责，提高行政效能。第三，为每位管理者制定相应的业绩指标。例如，绩效目标的制定，要考虑到整体的绩效目标、个人的岗位要求、管理目标和管理的困难程度，从而达到绩效管理的目标。

2.完善绩效管理考评体系。为了更好地实现企业的绩效管理目标，实现企业内部员工的自我提高，必须对绩效考核制度进行改进，以适应企业的经营管理需求。要实现对高校管理人员绩效考评的科学化，必须从以下几方面着手。

（1）目标分解，计划到位，科学定位，有效沟通，职责明确。在绩效管理的四个环节中，绩效目标的设立最重要，它是绩效管理活动的中心和总方向，决定着计划时的最终目的、执行时的行为导向、考核时的具体标准。设定绩效计划目的在于将学校发展战略及目标与每位行政管理人员的行动结合起来，确保行政管理人员的工作目标与学校的战略目标保持一致，以最大限度地保证学校战略目标的实现。绩效计划必须清楚说明期望行政管理人员达到的结果，以及为达到该结果所期望行政管理人员表现出来的行为和技能。通过层层分解目标来实现，并力争保持学校战略目标与规划和教职员工个人愿景的和谐一致。

（2）重视过程考评和控制，力求考评的完整性和连续性。控制是管理的一项基本职能，它是通过对计划执行情况的监督、检查等方式，及时发现目标偏差，找出原因，采取措施，以保证目标实现的过程。一个完整的绩效管理系统包括绩效目标与计划、绩效控制、绩效考评、绩效反馈四个环节。要使绩效考评真正有效，必须关注以下几方面。

①做好平时记录，形成绩效文档。绩效管理一个很重要的原则就是无意外，认真做好被考评人员的平时绩效记录，形成绩效文档，作为年终考评的依据，确保年终考评有理有据，公平公正。

②营造浓厚的学习氛围，提高员工自我学习能力。高校本身就是一个学习型的组织，更要根据不断变化的形势，调整人才培养和人才需求的目标与计划，为行政管理人员的发展营造一个良好环境，创造相应的条件。

③慎重选择考评主体，体现全面性、针对性。高校行政管理人员服务的对象主要包括高校高层、教师、学生及其他相关的管理人员。应该说，相对教师来说要广泛得多，同时，不同的行政管理岗位又有自身不同的主要服务对象，对行政管理人员的绩效考评应慎重选择其考评主体，力求全面性、针对性，并考虑到其与被考评人的关系、素质、各类考评主体的人员分配比例等因素，从而使考评结果更具公平性、公正性、合理性，也更可信，更有效。

④确立奖惩性评价与发展性评价相结合的价值取向。在绩效考评过程中，由于价值取向的不同，评估的指标、标准及考核评估的方法等都

会有相应取舍。可以说价值取向是绩效考评的基础，也是建立整个绩效考评体系的方向。奖惩性评价主要以奖惩为目的，是一种不完全的评价，是一种终结性的面向过去的评价。它在某种程度上可以促进改革，促进提高，引起部分人员的共鸣和反响，但它从根本上忽视了评价的激励改进和导向的功能，不利于促进全体行政管理人员的发展。而发展性评价既注重人的全面发展、和谐发展、个性发展和人格完善，又注重一个组织发展和社会发展的需要，体现价值一元性与多元性的统一。但发展性评价若不与奖惩性评价相结合，又会导致广大行政管理人员无压力和激励刺激，同样对提高管理水平及服务质量无益。因此，在高校行政管理人员的绩效考评中必须将两种评价方法结合起来，综合运用，才能收到很好的效果。

⑤重视个人绩效的同时关注团队绩效，实现绩效最大化。对于高校的每个行政管理岗位而言，实际上都要求多种能力的组合，而每个人能力结构是不同的；同时，一个人的能力也是有限的。而高校的行政管理是个完整的系统，许多管理工作是相互联系、相互影响、相互制约的。因此，学校管理者若能在进行个体绩效考评指标设定时，根据各岗位的实际情况，适当加入一些与团队绩效和流程相关的指标。并通过团队绩效目标及相关工作流程将具有不同能力结构的人融合在一起，量才用人，任其所长，不任其所短，创造机会，重视引导，形成团队成员互促共赢的局面，实现绩效最大化。

3.加强考评结果的运用。首先，要注重评价的反馈。在考核结束后，对行政工作中出现的问题进行分析，并提出相应的改进措施。其次，要把绩效考核与公务员的薪酬、晋升挂钩，让管理者在工作中积极主动地提升自己的工作品质，从而达到较好的绩效。在此基础上，将考核结果向社会公开，让管理者能够认识到绩效管理的权威，进而关注自己的行为，提高行政工作的效能。

4.加强业绩评估的奖励。美国心理学家斯金纳提出了"强化"理论，认为人们在完成某项工作并获得一定的成就时，都会获得相应的奖励和认可。企业的战略目标若不能得到适当的物质和精神上的激励，长期下去，将会使其失去工作的动力。基于激励理论和激励方式的差异，大学管理层可以采取如下措施加强对大学生的绩效评价。

（1）物质奖励。目前，物质奖励依然是大部分大学管理者的工作重点。管理者可以根据工作岗位的特点、需求差异、服务数量、服务质量、服务对象的满意和服务的难度等因素，进行不同部门、不同岗位、不同的管理人员之间拉开差距，以体现多劳多得，优绩优酬。比如，重庆的一所大学，教师的工资分为基础工资和绩效工资，基础工资是保障教师的基本生活，而绩效工资则是根据大学管理层对德、能、勤、绩、廉五个方面进行考核，并按照业绩报酬的比例来确定，这是一种以业绩为基础的薪酬分配制度，只是一种物质奖励，而非全面的激励。

（2）心理上的鼓励。物质和精神上的激励是相辅相成的，如果一味强调物质奖励而忽视了精神激励，不但会增加学校的财政负担，还会影响员工的长期发展。与物质激励相比，精神激励是无形的，是一种无形的激励方式，却能满足人们的精神需求，包括对员工的晋升、对工作的认可、对岗位的提升、对员工的培训和对员工的尊重。马斯洛的"需求层级"理论认为，当人们的生理和安全需要得到满足之后，社会、自尊、自我实现等更高层次的需求将会逐渐凸显。

（3）鼓励学习。知识激励是大学管理者知识需求的一种有效的激励方式，它是一种通过适时的知识、技能、信息和学习知识来激发员工的积极性和创造力的有效途径。大学行政管理人员是具有普通人群基本需求、对人生归属感、职业成就感、社会荣誉感等方面的知识型人才，他们的收入对其满足程度的边际效用呈现出下降的趋势；知识奖励的内容主要是为各级政府机关、各职能部门的主管人员提供必要的专业知识和学习的机会，例如，将他们定期送往与他们工作或所从事的专业有关的培训场所进行知识培训，从而提升他们的专业技术水平和综合素质。

（4）有针对性的奖励。目标激励是大学的总体发展目标，把管理者的个体目标和学校的总体目标联系起来，让学生感受到自身的兴趣和学校的整体利益是联系在一起的，并能全身心地为学校的发展服务。本文认为，在实施物质奖励的时候，应将目标和各部门的绩效评价相结合，根据员工的能力素质、服务态度、服务质量和工作成效等因素，将工作目标分解为多个目标，与自身工作岗位结合起来，能够激发人们努力去争取和进取。在心理学中，目标被称作激励因素，是激励人们努力向前的一种内在动机。同时，各大学应结合自身的发展战略和财力，引进现代企业人力资源管理思想，建立具有竞争力、市场导向的宽带薪酬体系，以吸引优秀的人才，促进教育的发展。把有进取心、有领导能力、综合素质都较好的人才放到关键岗位，发挥其潜能，激发其工作积极性，促进其事业发展；同时，也可以通过绩效评价的结果来优化高校的行政管理岗位，使不同级别的人才能够充分发挥其作用。

（三）建立和完善行政管理体系，实行定量、信息化的管理

在进行各种经营活动的过程中，要做到有章可循，才能保证经营成果。要想有效地提升高校的行政效能，就必须建立健全的行政管理体系，充分发挥制度的作用。因此，高校内部应当设置值班制度、岗位职责制度、办公制度等。同时，要根据管理者的工作特点，建立绩效考评体系，保证所采用的评价指标具有代表性和科学性，并将其与绩效挂钩。在建立管理体系时，要始终坚持"以人为本"的思想，广泛征求各部门的有关建议，使其具有较强的可操作性和实用性。在高校管理工作中，信息

交流的环节比较多，比如，管理人员要通过多层次的管理，而从基层到管理层的信息也要通过不同层次的管理，使得信息的传播效率不高，不能及时实现。为此，必须健全高校行政机关，设立问题调查、意见收集、服务监督、政策制定等部门，明确各部门的职能和权利，建立监督机制，确保行政工作有效运行。同时，在管理手段上，要引进信息化、定量化的管理手段，并根据高校的发展和时代特点，不断更新管理理念，引进先进的管理方式，有效提升高校行政管理的水平。随着社会和经济的发展，人才培养的需求也越来越大。高校要把管理工作放在第一位。目前，我国的大学管理制度还存在着许多问题，我们期望每位行政管理人员能够做到一丝不苟，不断改进和加强管理，为我国高等教育的人才培养做出积极的贡献。

（四）加强各部门之间的合作和交流

要以全局为导向，按照大学发展的总体规划和政策，统筹协调，有重点有目标地进行，确保各项工作顺利开展。管理要有远见，不能只看眼前的利益，也不能以部门为单位，以集体为"整体"，各部门分工合作，没有哪个更重要。要加强各方面的合作，加强沟通，吸收有用的意见，以填补目前工作中的缺陷，提升整体的行政管理水平。

高校行政管理依赖于高校行政管理信息的通畅，信息的通畅离不开有效的管理沟通。第一，要拓宽信息沟通渠道。人与人之间的沟通除了正式的沟通还需要非正式的沟通，有时候非正式的沟通甚至比正式的沟通更有效。高校行政管理人员应该深入研究师生员工喜爱的沟通方式，才能做到信息沟通快捷、有效。第二，要提倡双向沟通。双向沟通是指有反馈的信息沟通，这种反馈可以进行多次，直到双方满意为止。它的优点是信息传递的准确性和接收率较高。

(五) 强化行政管理人员的忧患意识

管理者要增强责任感和使命感。在这一过程中,我们还必须提高危机感和紧迫感。在某种意义上,忧患意识包括了一种预知性与防御性。"祸兮福,祸从口出",忧患意识主要体现在:在平常的工作中,能看到危险,在优势中发现劣势,在正确的情况下做出正确的判断,在预防危险方面做好准备。目前,我国的高等教育正处在高速发展的阶段,很多大学正处在转轨的关键时期,因此,各级领导干部必须提高认识,提高工作的前瞻性,制定相应的应对措施。总之,随着高等教育的快速发展,高校管理必须勇于面对困难,勇于创新,深化教育管理制度的改革。通过对高校行政管理层级和人员的管理实践,不断地改进管理工作,不断提高管理工作的效能,为新时期的高等教育事业发展做出应有的贡献。

(六) 提升高校行政管理人员自我价值感

高校行政管理人员自我价值感的高低不仅影响其自我实现的进程,影响其自身的心理健康水平,还直接影响其工作效率和工作潜能的发挥。因此,提升高校行政管理人员的自我价值感是必要的,也是具有现实意义的。

1.提高自我概念水平。自我概念是个体对自己的总体知觉,它包括对自己的生理自我、道德自我、心理自我、社会自我、家庭自我、自我认同、自我满意、自我行动等多维度的认知和评价。低自我价值感的高校的行政管理人员应该首先学会正确的、合理地认识自我,学会欣赏自我,并诚恳地接纳自我,在工作中不断地审视自我、分析自我和探索自我。只有提高了自我概念水平,才能对自己提出合理的目标和期望.工作中才能够很好地把握自己,创造更高的自我价值感。

2.培养积极思考心态。个体的思维方式的性质决定其行动能力，行动的能力决定其工作的效果，工作的效果决定其自我评价，自我评价决定其自我价值感的高低。高校行政管理人员开展工作的过程中，常常会遇到许多不确定的因素和不能自主的情况，这些使他们在工作中有不确定感、烦躁不安情绪、无助感、焦虑等负性情绪。因此，工作中学会运用积极思考法，可以帮助他们发现工作中的乐趣，积极地面对工作中的挫折、压力，合理进行自我心理调节，保证愉快地开展工作，获得较好的、满意的工作绩效。

3.提升情绪管理能力。根据相关研究，个体的情绪智力更多的是指个体的情绪管理能力。个体的情绪管理能力可以反映一个人的成熟水平，情绪管理能力强的个体可以控制自己的不良情绪，如果个体情绪出现波动时，可以主动调节，使其适应自己的工作和生活，或者将其对工作和生活的影响控制在最低水平。在工作过程中，无论是由于自身人格因素，还是工作因素，高校行政管理人员都会出现情绪波动，甚至情绪难以控制的情况，如果处理不当，不仅会影响他们开展工作，还会产生消极的自我价值感。高校行政管理人员可以通过学习放松技巧，掌握一种或几种放松技巧，帮助自己稳定情绪。通过这些情绪管理技巧或情绪管理方法，可以帮助高校行政管理人员理智地面对工作中遇到的各种情境，成功地处理工作中的难题，并能够得到别人和自己的积极肯定，有助于他们形成积极的、正向的、健康的自我价值感。

4.规划职业生涯。合理地进行职业生涯规划，可以帮助个体有计划地进行自我实现，让个体在人生的每个阶段都可以形成积极的自我价值感。高校行政管理人员可以根据个人的实际情况和工作任务，并结合学校的发展目标和方向，对自己的职业生涯进行规划，让自己清楚地知道每个阶段该做什么，可以检验自己每个阶段自我发展和自我完善的课题完成情况。这样他们可以在工作中完成自我实现，进行自我成长，提升自我价值感。

（七）加快行政管理的信息化和现代化建设

21世纪是信息技术的时代，随着信息技术越来越广泛地应用到工作、生活的各方面，充分、合理地利用资源，加速高校行政管理工作信息化、现代化进程，提高管理效率，改善管理条件，逐步做到管理手段和设施的现代化、网络化。

第九章
移动互联网时代高校教育管理工作的新机遇和新挑战

第一节 网络时代的来临

一、互联网在我国的迅猛发展

不可否认,互联网已渗透到社会生活的各个角落,它对人们传统的生产和生活方式产生了巨大冲击。它正以席卷之势扫荡着我们这个古老的星球,人类的生活方式正在经历着脱胎换骨式的伟大变革,网络时代已经来临。人们的情感理念、价值取向、道德标准、思维方式、行为习惯等,都随之发生了巨大而深刻的变化。自1994年中国接入互联网以来,中国互联网用户的数量增长迅猛。互联网在中国已表现出前所未有的生机与活力。

中国正在进入大众网络时代,在2亿多网民中,青少年占80%以上,这一状况反映出青少年对互联网的热爱,也从另一方面折射出网络对青少年成长带来的重大影响。互联网带来了高科技,同时也带着污泥浊水及沉渣浮滓的虚拟社会向我们冲击而来。对青少年来说,它既是天使,又是魔鬼。说它是天使,因为它给青少年铺设了通向知识海洋的广阔大道,迎来了"神童"辈出的时代;它也舒缓了人们的心理压力与烦恼。说它是魔鬼,因为它充斥着各种不良内容,从而吞噬着青少年的求知心智和原本善良的情感,也吞噬着他们宝贵的青春时光。因此,一些缺乏分辨力的青少年如果在心理不成熟的情况下,草率盲目地投入其中,很容易造成严重的后果。

据统计,我国有近300万青少年上网"成瘾",当中有不少人分不清现实与虚拟世界,他们的正常生活、学习以及身心健康都受到了严重影响，甚至走上了自杀及犯罪的道路。为此，一些家长谈"网"色变，把互联网当作洪水猛兽和可怕的妖魔。"网瘾"成为社会顽疾，它不仅仅反映出家庭教育、学校教育的失误和青少年时期人格的缺陷，更是当今网络与电子游戏产业繁荣背后的副作用，是诸多社会问题集结形成的。2017年8月4日，中国互联网络信息中心（CNNIC）在京发布第40次《中国互联网络发展状况统计报告》（以下简称为《报告》）。《报告》中显示，截至2017年6月，中国网民规模达到7.51亿，占全球网民总数的1/5。互联网普及率为54.3%，超过全球平均水平4.6个百分点。手机网民规模达7.24亿，较2016年底增加2830万人。网民中使用手机上网的比例由2016年底的95.1%提升至96.3%，手机上网比例持续提升。就像汽车工业的发达同时带来"堵车"和车祸现象频频发生一样，这是一个不可避免的客观存在的矛盾。但是，这并不意味着我们可以熟视无睹，而是应设法把"网瘾"的危害降到最低点。

为了包括大学生在内的青少年的健康成长，我们必须以积极的思维和心态去面对网络，因为网络已成为人类生存的第五要素（空气、水、衣、食之外）。那些一头扎进"网海"不想上岸的"网瘾"者，以及那些"谈网色变"的人，都将被时代淘汰"出局"。如果不愿悲剧发生，就需要提升自我素质，优化在线行为，打造新型的、健康的"两栖型"自我，成为"两栖型"的高级人才，立于不败之地，赢在网络时代。

二、网络改变生活

网络是一种全新的信息技术，它改变了传统媒介的功能，改变了人们的生活方式，也在某种意义上改变了政府与人民的沟通方式，而网络作为一种技术的开放性，正深刻地影响着中国的传统文化和制度。中国社科院社会发展研究中心于2005年、2008年、2014年分别开展了《中国网民使用与社会影响问卷》，以探讨其对社会的影响。采用随机抽样的方法，在北京，上海，广州，成都，长沙等地的常住人口中，对16—65岁的男性和女性进行了随机抽样，并在户内完成了问卷的填写。最后，共收集到2376份有效的调查问卷，其中，1169份是网友的，1207份是非网友的。网络作为一条信息高速公路，它覆盖了多种传播途径，传播各种信息、内容、产品、服务，起着多种社会作用。一方面，网络用户对网络的使用和非网络用户对网络的认识都会对网络产生一定的影响；而另一方面，对于互联网的认识又会影响到人们是否会上网。从问卷中可以发现，以网络为信息中心的人数最多（79%）；新闻媒介次之，55.1%。而且，因为使用体验的差异，用户对于网络的各项功能的认识要比非用户高。事实上，网络仅仅是它的许多功能之一，它的许多功能都非常强大，但在中国互联网发展的头十年里，它已经充分地展示出来，并在大众心目中占据了主导地位。在理论上，网络的快速和互动的优势确实可以更好地满足人们的信息需求，但事实上，网络已经成为许多网络用户乃至传统媒介的主要渠道。

根据调查结果，网民最常用的网站是新闻资讯类，占65.9%。相对于美国和英国，这是中国的互联网用户的一个很大的特点。在中国，超过90%的用户都是通过电子邮件来进行网络访问，但在网络上从事经济活动、工作、学习的人数仍然很少。很可惜，互联网与其他传统媒体不同，它是一种类似于工业时代的交通工具，而非单纯的信息传递工具。将传统媒体与电视、报纸等传统媒体进行对比，可以看出，在中国民众的心中，互联网的主要作用是阅读网上新闻，中国互联网的普及率依然很低，因此，从大众选择的角度来看，传统媒体依然占据着绝对的优势。这项调查显示，电视依然是最具影响力的媒介，占97%；报纸占86%；书籍占56%；杂志占53%；网络普及率为49%，仅排在前三大媒体之后。

若对网络使用者的使用时间进行调查，会发现平均每日上网（少于3个小时）的使用者，其每日平均看电视的时间（约为一个半小时）。另外，大约1/3的互联网用户在使用其他媒体的时候会更少。

具体来说，上网后收听广播的次数下降了43.2%，阅读杂志的次数下降了39.3%，上网后看电视的次数下降了32.5%，阅读报纸的次数减少了29.8%。可见，互联网的地位比其他媒介更重要，这是很有象征意义的。

理论上讲，大众传播因其从点到面的传播途径，往往具有"权威"与"中心"的功能，而其在任何社会中都是不可或缺的。然而，由于资讯科技的进步，这一媒介也会发生改变，以电视、报纸为代表的传统媒介，虽然目前仍占主导地位，但由于网络的传播优势日益增强，特别是将交互性融合到大众传媒中，不仅改善了以往的通信模式，更增加了通过网络获得资讯的能力。这就意味着传统媒介不仅要从技术层面上接近新技术，还要从思想上借鉴新媒介。我们看到了一个令人欣喜的发展趋势，不仅是电视和报纸，它们的节目和内容也都变得更具有交互性和人性化。

在网络行为方面，网络用户以新闻为主，普通浏览次之；其次是与休闲相关的游戏、音乐、娱乐资讯。但对网络上的主要新闻内容进行深入剖析，则会发现网络上的主要信息来源仍与娱乐相关，国内时事、社会生活、国际时事则次之。另外，网民中有62.2%的人在打游戏，仅排在看新闻和普通的浏览上，这一比率要比美国、英国、德国这些网络发达的国家要高得多。

网络世界，让无数的人感受到了它的神奇和魅力。无数的网民置身于网络这个虚拟却不虚幻的世界，尽情畅游。"知识改变命运，网络改变生活"在当下中国已经成为现实。近年来，随着互联网的兴起，网民数量的增加，网民参与社会事务的热情提高，在互联网上表达民意达到了前所未有的开放局面，人民网、新华网等主流网络媒体，以及天涯社区等著名门户网站，为民意的表达提供了强大的平台。点击"强国论坛"（人民网）、"新华论坛"（新华网），围绕各种议题、各色事件，网民的热烈讨论尽收眼底。广大网民对社会生活各种议题的观点也受到相关政府部门的高度重视，他们将网上民意视为决策的依据之一。今天，广大网民深切感受到以网络为媒介的政府——民间新互动模式已经成为中国政治文明的元素。

从"总理上网"到"两会博客"，网络传播方式为公众表达民意、参与经济社会及政治生活提供了新的舆论平台。对越来越多的网民而言，网络是他们积极参与社会管理的有效渠道，也大大提高了他们对公共事务的参与度。互联网使人们发表意见的渠道更畅顺，政府与人民沟通的平台更宽广。在较长的时间内，老百姓多是"不在其位，不谋其政"，很重要的一个原因是"想谋也难"。只有在互联网时代，中国任何一个角落的百姓心声都有可能传达出去，是互联网让普通人与同一时空下的更多人更多事产生交集。"事不关己，高高挂起"的旁观者心态，被"国家兴亡，匹夫有责"的公民意识所代替。这种对公共事务的参与意识，对中国的时代发展具有不可忽视的意义。

三、大学生上网情况的调查与分析

大学生作为最活跃和最富有创造力的群体，对新事物充满好奇心，而互联网以其信息快、内容新、手段先进等优势迎合了大学生的好奇心，引起了他们的特别关注和兴趣，激发了他们学习和掌握网络知识及应用技能的欲望。同时，网络平等自由的氛围适应了当代社会中对自由、平等呼声最高的大学生群体。在网络这个虚拟空间里，种种现实社会的限制都消失了，只要参与进来，任何人都是互联网的"主人"。

作为网民主体之一的大学生的上网行为是否健康，直接关系着网络文明乃至整个未来社会文明的进程。掌握大学生上网的基本情况，对加强高校的网络阵地建设和培养高素质的大学生网民都具有重要意义。调查表明，大学生网民在看新闻、查信息、收发邮件、下载软件或资料、制作主页、跟帖灌水、交友聊天和娱乐休闲等常规上网任务项中，前三者的比率较高，分别占到66%、67%和68%；上网目的只为完成上述内容的某个单项或双项者占24%，76%的人上网是为了完成上述3项以上的多重任务。人均电子邮箱2.46个，每周人均收发邮件3.34封。做过版主和建有个人主页者的比率分别为10%和15%。现在，不少大学生都有自己的微博。

交友聊天是大学生上网的一个普遍现象。网友个数少于6人、10人、20人、20人以上者的比率分别为42%、24%、14%和21%，其中，交同性网友者达16%，交异性网友者多达65%；有大龄网友者仅占4%，而有同龄网友的比率高达79%。交流思想感情和相关信息是网聊的经常性话题，分别占到63%和53%，同时也有少量胡扯和对骂现象，分别为17%和5%。12%的调查对象有过网恋经历。在对网恋的态度方面，11%的人认为网恋是选择理想恋人的又一有效途径，13%的人认为网恋纯粹是胡闹而应予以反对，而77%的人则认为网恋不应提倡但也不应反对。在上网与学习的关系方面，有6%的人认为上网耽误学习，18%的人认为上网可促进学习，而81%的人认为上网虽不能直接促进专业学习但可以增强综合素质。

认为网上信息可信度较高、一般和较低者分别为11%、73%和16%；对网上的传闻不实新闻及不健康的东西感兴趣者为16%，厌恶者只有12%，72%的大学生网民则表示"不太关注"。有29%的人崇拜网上黑客，27%的人明确表示反对，而44%的人则表示有机会也想试试。最受大学生喜爱的网络内容是新闻时事、校友录、娱乐和体育等。大学生对网络分类信息重要程度的排名是：新闻时事、百科知识、专业知识、电脑网络、娱乐休闲、网络书籍、招聘求职和其他（卫生保健、网络广告和网上购物等）。

调查结果表明，不同性别的大学生网民在上网行为的诸多方面存在着较为明显的差异。总的情况是，女生的上网素质比男生要高：上网率高、网龄长、网友多和网德好。在网聊话题方面，女生交流感情和信息的比例明显高于男生，而胡扯和对骂的比例又大大低于男生。在网上信息可信度、上网与学习的关系、对网上不良信息和不健康内容态度、对网络文明的看法、对黑客的态度和网站排名、内容排序等方面，男女生没有明显的差异。

大多数大学生网民都能认识到网络的两面性。对网络这把双刃剑，他们认为应取其所长避其所短，以其之长为我所用。许多人认为，作为21世纪的大学生，所受到的教育不应仅仅是书本上的一些概念，更应该接受新事物和新信息，而网络就是新事物的代表。网络来了，挡也挡不住，这是时代发展的必然，应该通过网络及时地使自己跟上时代。所以，不能很好地掌握或利用网络资源的大学生就不是一个合格大学生。

大学生都希望能够在网上开设一些专业的网络资源使用课程，指导他们如何正确地使用网络资源、创建自己的网页、学习一些热门的软件来提升自己的网络技术。大学生对当前大多数高校网站的状况表示不满，认为其内容枯燥、形式呆板、模式雷同、缺乏吸引力、管理混乱。他们认为，大学网站应该树立一个以学生为本、服务学生为中心的品牌。高校网站的建设：一是要以大学生为对象，突出国内外重大科技新闻时事报道和社会热点。二是将学习过程与学生的学习过程联系起来，在网页上开设"学习与问答"栏目，向学生讲解课程的学习方式，并有教师在网络上对学术问题进行深入的剖析和阐述；适时发布各类学习、考研等信息，让每位同学都能在登录后即时查询、与教师、其他同学沟通。三是开设心理辅导专栏，为大学生提供成长困惑的辅导。四是大学网站要有不同的观点，让同学们积极地表达自己的想法，让他们有更多的自由表达的空间,让他们可以直接向校长表达自己的想法。加强留言板、BBS等方面的管理。大学校园网应该与普通的BBS有所区别,应该大力倡导校园的网络文明。因此,要把大学网站打造成师生、学校之间的联系。

第二节　移动互联网时代高校教育管理工作的指导思想与准则

一、坚持以学生为本的工作理念

坚持以学生为本应做到以下两点:第一,开展学生管理工作时,在深入调研了解学生的基础上,一切从学生的实际出发,从学生的需求和愿望出发,想学生之所想,急学生之所急,帮助学生解决成长中遇到的各种问题。第二,充分相信学生、尊重学生的主体性,重视发挥学生的自我教育、自我管理能力,在教育过程中突出教师的主导地位、学生的主体地位。

现在的大学教育似乎是同向化教育,在此基础上教师的引导起到了至关重要的作用。大学教育不像小学、初中、高中教育,它是灵活的教育、多变的教育,有些选修课可以根据自己的兴趣来学习。在兴趣学习期间,教师的管理成了一项艰难的工作,在管理中怎样坚持以学生为本应成为教师在以后教学与管理中的一个中心问题。教师的管理不再是笼统的、没有计划的管理,而是以学生为本,所谓的以学生为本就是从学生的实际情况出发,以学生成才为主。俗话说管理就是服务,作为教师应该想学生所想,做学生所做。班级作为学校重要的组织机构,其建设的好坏直接关系到学校管理的成败,影响着学校的教学素质。以学生为本成为教学的重中之重,成为走进学生内心世界的一个重要因素。学生的逆反、逃课等一些不良的习惯不是因为他们淘气,而是对应试教育的一种抵抗。所以在现在的大学中,教师是学校与学生沟通的桥梁,是一个牵引的绳子,也就是所谓的中间人。这就给教师提出了这样的问题:怎样坚持以学生为本。

(一)理解管理的真正含义,实现教师与学生的互通

现在的学校,老师与学生不再是朋友,有些甚至产生了对立情绪,这是因为老师与学生的距离越来越远,沟通也越来越少,老师不能真正理解学生的实际意图,而学生更不能理解老师的良苦用心。在大学,教师相当于初中高中时期的班主任,而真正实现以学生为本的教学,就是从学生实际出发。真正的互通则是心与心之间的交流,而管理则是变相的服务。影响教师管理的因素有很多,其中有内因和外因之分。内因是教师需要赢得同学的认可,如用博学的知识来赢得学生的钦佩,有一种不服输的劲头,让同学和你一起奋斗一起学习,可以和同学打成一片,可以和同学心与心地交流,可以成为知己、成为朋友、成为一个倾听者。这些内因都可以实现教师与同学之间互通。而外因有很多,如校园环境、管理结构等因素。在种种因素下教师的管理或许会有一定的困难,但是只要实现了沟通,实现了理解,那么管理就是一件轻而易举的事了。教师的管理就是预测同学可能出现的问题而去提前预防,组织同学参加各种活动,增进同学之间的关系等。沟通成就未来,让沟通促进发展。

(二)注重对学生素质方面的培养

以学生为本就是从学生的实际出发,在大学期间不仅要教导学生学习知识,更应该全面培养学生的良好素质,教师在这方面可以多加引导、

指引。现在有些大学生注重学习，却忽视了道德理念，教师就应该起到引导的作用，加强学生的思想道德观念，把学生培养成全面人才。从现在的大学生自身发展状况来看，当代大学生正处在世界观、人生观、价值观形成与发展的重要时期，这个时期大学生的思想、道德心理等方面都有一定的发展，因此就更应有教师的引导与教育来培养大学生正确的世界观、人生观、价值观。现在不论是在社会上还是在生活上都很注重思想道德修养的培养。思想道德是一个社会的准则，所以学生在大学期间更应注重它的培养。

（三）在教学中要以学生为本

所谓的以学生为本就是把学生作为学校教育和管理的根本，就是时时处处把学生的利益放在首位，就是从学生的立场和想法出发来开展工作。但是，以学生为本绝不是对学生一味纵容和对所有想法大力支持，也不是抛弃道德要求和行为规范，以学生为本就是孔子所说的因材施教，根据学生本身来制订学习计划，这对于现在的教学来说是有些难度的，但是这个理念我们应该坚持下去。中国学生应试教育做得很好，实际操作能力较差，其想象能力也十分缺乏。在现在的实际教学中，提高学生的动手能力和思维想象能力，才能将学生培养成为全面的人才。教师要让大学生转变学习态度，因为知识是一个人成功的根本，学习是为未来投资的积累。学习是真正的成功之母，是一个人成才的根基。现在有的大学生认为考上大学就成功了，上了大学就浑浑噩噩地度过了四年。因此转变大学生的学习态度才是关键，在大学里可学习的东西很多，可以让学生充实地度过四年的大学生活。在这四年里学生可以给自己设置一个目标，设置近期的目标、中长期的目标及远期目标。这些目标不能过大，要有一定的可行性，当学生实现了近期目标后就有信心继续实现下一个目标，这样不仅在大学期间学到了知识，还可以让学生获得个人满足感及自信心。在教学中，老师对学生不放心，生怕漏教某些知识，所以总想把所有的知识都教给学生，每个课堂的时间安排得满满的，没有给学生一点儿时间去吸收和消化，学生填鸭式地被灌输知识，课下就没有了探索的想法，变成了一味地复习、做题，导致恶性循环。老师应该在教学中设置情境式教学法或以游戏的方式教学等。这些方法在教学过程中使用的同时要注意培养学生的自主性，可以使用学生相互教学法，在实践中培养学生的自主性，这不仅是一个新颖的教学方式，同时也可以让学生体会老师的教学意图，树立课堂整体观念。使学生在独立思考的同时，可以相互学习，增强学习的热情。

（四）开拓、挖掘学生的潜力

教育是以关心、关怀、关爱学生的健康成长为目的的，作为教师应该密切关注学生的言行、感情、心理等各个方面，只有这样正确地为学生着想，才有助于以学生为本，构建和谐校园。在日常教学中应开拓学生的潜力，教师应通过日常的细微小事来发现和挖掘学生的才华，这样才会使每个人受益。现在强调的是素质教育，而素质教育并不只是学习，而是德智体美劳全面发展。

现在的社会需要的是有能力、有思想、有内涵的年轻人，那么现在提出的以学生为本的教学，是从学生的实际出发，使整个社会更加和谐。教师的引导与教育，是使之持续发展的一个重要因素，而培养学生的潜力则是推动以学生为本的另一因素。

在这个日新月异的社会，大学教育已逐步成为普及教育，大学生在大学的生活与学习已成为家长、老师共同关注的问题，以学生为本的教学理念已成为一个开辟大学教育的新理念。教师在管理中要实现以学生为本，不仅体现在学习中，还应在生活中的各个方面，在以学生为本的同时，可以挖掘学生各方面的潜力。

二、坚持整体论、系统论思想

高校学生管理系统，即思想政治教育系统和行政管理系统。思想政治教育系统包括校党委办公室、宣传部、学工部、团委、德育教研室、马列部、基层各院系党总支、基层党支部，还有独立的或隶属于学工部的心理咨询中心。

行政管理系统有校长办公室、教务处、学生处、保卫处、总务处、网络管理中心、各院系行政部门等。有人把大学生的教育和管理系统称为"小三线"，即划分为三个系统，分别指学校的教学科研系统、行政后勤管理系统和党团系统。笔者认为分为上面两个系统较为合适，其实"小三线"主要是思想教育和管理两个方面。所有上述内容直接或间接的要素组成一个整体，形成一个以学生工作部门为主体的，相互联系，相辅相成的大学生思想政治教育和管理系统。

（一）高校学生管理系统的目的性和层次性

高校学生管理系统具有鲜明的目的性，其目的就在于根据一定时期国家对人才质量的要求，按照大学生思想的特点与行为变化的客观实际以及高等教育的规律，运用马列主义、毛泽东思想、邓小平理论和"三个代表"的理论体系，结合伦理道德、现代化的管理手段教育和管理学生，将各种教育管理力量，包括学生干部的自身内驱力，政工干部、行政干部和教师的外在力，学校和有关部门，社会和家庭诸方面的影响力等与学生密切相关的有限时间、客观环境、各种信息、各类活动等，合理地进行组织协调，使之发挥最大的效益，促使学生德、智、体、美、劳全面发展。

系统论认为系统具有层次性，就是说系统内部的要素是相互联系、相互作用的，这种关系和作用一般显示出有序的层次，系统的性能不单单同组成它的要素的性质有关，还同它们之间的关联形式有关。大学生的思想政治教育和管理是一个大系统，由一定的要素组成，同时这些要素又是由次一级要素组成大的子系统。例如，一所学校所辖的党委宣传部、组织部、学生部（处）、总务处、教务处、校团委，以及院系办、年级、班组、团支部、班委会都有不同程度的学生思想教育和行政管理职能。它们既是大学生思想教育工作系统的组成部分，又是各自隶属的子系统，而且它们之间的关系如何是决定整个系统发挥作用的重要因素。

（二）思想政治教育和管理系统的整体效应

系统论认为任何系统都有整体性和环境适应性。整体性认为，作为一个系统，首先必须明确作为一个整体所体现的功能，系统中各个子系统的功能和它们之间的相互联系都要从系统整体的角度来加以协调和控制。环境适应性则认为，任何系统都存在于一定的环境之中，它必须与外部环境产生物质交换、能量交换和信息交换。环境和系统间的相互作用表现为由环境向系统输入信息、能量和物质，经过系统转换再向环境输出新的信息、能量和物质，经过系统转换，外部环境会影响系统的结构和功能。这在现实生活中表现为环境信息对大学生产生影响，内化为其思想，反过来再外化为行为，对外界产生反应，产生行动。为保证和形成系统的整体效应，必须按照系统的整体性和环境适应性原则的要求，来处理大学生思想政治教育和管理中的问题。

（三）思想政治教育和管理系统的控制及信息传输

所谓信息控制，就是德育系统中控制者作用于被控制者使其按照控制者的目的而行动的过程。也就是说，思想政治教育和管理系统中的教育及管理者通过多种形式，影响作用于受教育和受管理者，使其按照该系统的目标和要求健康成长的过程。

在高校大学生思想政治教育和管理系统中，也可以把教育管理的主体（政工干部、教师、行政干部），看成一个子系统，把思想教育管理的客体（学生）看成另一个子系统。这两个子系统之间相互影响、相互作用，目标就是为了培养有理想、有道德、有文化、有纪律的"四有"人才。这两个相关联的子系统中，教育和管理的主体（政工干部、行政干部和教师），称为控制系统；另一个是教育管理的客体（学生），称为被控制系统。要发挥作为主体的政工干部、行政人员和教师的工作积极性，提高控制系统的工作效率。他们是进行教育和管理的主体力量，他们的一言一行对学生的思想、行为的变化都起到潜移默化的作用。教师要发挥教书育人的主导作用，要培养、锻炼和发挥客体学生自我教育、自我管理、自我塑造、自我发展的自控力。大学生思想政治教育和管理系统目标的实现，也就是说整个过程的完成，其实质是一个信息过程，是信息收集、整理、加工、传输、反馈的过程，是通过教育和管理与大学生之间的信息的交流与传递而实现的，在整个信息的传递过程中，有四个基本要素，即思想政治教育与管理者（主体），受教育与受管理者（大学生客体），思想政治教育与管理，信息源和信道（传媒）。首先，主体为了实现自己的教育目标，就要有目的地从信息源中收集相关的信息，经过自己的整理加工，通过一定的信道传输给客体，与此同时，客体也以不同的途径和方式直接学习或被动地接受信息源的信息。然后，主体要收集来自客体的反馈信息，并以此来调整自己的工作，在整个信息的传输过程中，都存在着外界的干扰。这些干扰有自然性干扰和人为性干扰两种。

主体是信息的传递者，它的主要功能是通过多种途径和方式排除干扰，有选择有目的地向受教育者传输德育信息。信息的接受者即客体大学生，应具有很强的信息接收和转换能力，具备听、写、读、观察、分析、辨别和抗干扰能力，明确接收信息的目的，掌握科学的接收和处理信息的方法技巧，与教育者关系融洽，心灵相通。信息的传输渠道，即信道，又称传媒，是信息传播的载体，它的主要功能是将信息不失真或者较少失真地传给客体。信息反馈是现代化管理的重要一环，在高校思想政治教育和管理系统中，它是不可缺少的基本要素。要使反馈的信息准确、及时、全面、有效，就必须建立纵横交错的、主体交叉的信息反馈系统。

（四）大学生思想政治教育和管理科学模式的构建

高等学校实行的是在党委领导下的校长负责制，但党政职能分开，党组织不能包揽行政事务。大学生教育和管理体制的建立也必须服从这个总原则。同时，按照系统理论中的系统原则、整体优化原则、控制力量原则、信息理论原则等，可建立一个合理的大学思想政治教育和管理体制的系统模式。

这种体制模式着重体现了以下特点：一是它体现了校（院）长全面负责、党委保证领导和监督的总原则，从组织上彻底解决了过去存在的党委负责教育，行政负责管理，管教脱节、虚实分家的问题，实现教育和管理一体化，党政工团齐抓共管。二是这种体制的系统模式有利于统一指挥和上通下达。统一指挥是建立在明确的权力系统之上的，如果权力系统的权利是合理的，那么依靠权力系统内上下级之间的联系所形成的指挥系统就能正常运行，也就达到了便于控制的目的。三是这种体制的系统模式中，从校长到学校，从决策系统、指挥系统到执行系统的运行是灵活的，不存在多头领导和中间堵塞现象，从执行系统、指挥系统到决策系统的信息反馈系统也是畅通而有效的。

三、坚持"三贴近"准则

"贴近实际,贴近生活,贴近群众"是我们党宣传思想政治工作长期实践的总结,也是我们党的传家宝。高校作为培养人才的摇篮和宣传先进思想的前沿阵地,只有紧紧围绕"三贴近"这个核心不动摇,高度重视,认真学习并贯彻落实,才能更好地做好高校学生管理工作。

始终如一地坚持以"三贴近"为指导,贴近实际,贴近生活,贴近学生,就是要进一步加强学生管理工作在学校工作中的重要地位,以学生为本,以学生为中心,促进学生的全面发展。

(一)搞好学生思想政治工作要坚持以"三贴近"为根本原则

高校学生思想政治工作要贴近实际、贴近生活、贴近学生,这是对高校学生思想政治工作的全方位、多层次要求。而在实际中,高校学生思想政治工作要真正做到"三贴近",做好"三贴近",真正体现"三贴近"的本质要求,有几条基本原则是需要贯彻的。

1.解放思想,实事求是,与时俱进,开拓创新的原则。解放思想,实事求是,与时俱进,是我们党的思想路线。思想政治工作要做到"三贴近",必须在学生管理工作中始终贯彻这条思想路线,推进思想政治工作的不断创新。贴近实际、贴近生活、贴近学生,就是要求我们把实际生活、社会实践放在第一位,作为思想政治工作的真正出发点。

2.联系学生,服务学生,求真务实,力戒虚浮的原则。所谓贴近实际、贴近生活、贴近学生,其核心就是要以服务学生为出发点,始终与学生保持密切的联系。学生党员的组织发展工作一直是学院学生思想政治工作的重点,在对其培养和使用的过程中,学院党委号召全体学生党员和学生骨干要做好同学思想工作,善于开动脑筋,当好指导员;遵守规章制度,配合老师,当好监督员;及时了解情况,总结汇报事实,当好信息员；帮助困难同学，深入学生生活，当好服务员；帮助老师出谋划策，提出合理建议，当好参议员；主动打扫卫生，养成良好习惯，当好勤务员；按照要求安排，认真搞好学习，当好教导员；解除心理恐惧，勇敢面对现实，当好咨询员；配合党组织工作，积极响应号召，当好宣传员；临危不慌不乱，沉着冷静应对，当好指挥员。充分发挥基层党组织的战斗堡垒作用和学生党员的先锋模范作用。形成党员带预备党员、预备党员带积极分子、积极分子带普通学生的层层贴近局面。

3.积极引导和积极适应相统一的原则。贴近，从一定意义上讲，也就是适应。我们讲的引导和适应，是积极的引导和积极的适应，也就是我们的工作要从现实出发，从学生的利益需要出发，在这个基础上提出我们教育、引导和提高的步骤和目标，制定我们教育、引导、提高的措施和方案。

(二)贴近高校实际，从高校实际出发

1.要从高校所承担的政治职能出发。政治职能是高校最重要的职能之一，高校要向学生传播国家和社会所倡导的主流意识形态，并坚持用党和国家的基本方针政策开展教育。因此，高校学生管理工作首先要从党和国家的基本方针政策出发，从国家和社会所倡导的主流意识形态出发。具体来说，要关注党中央所要求的当下思想政治工作的重点，贴近当下的中心任务。所以，全体学生管理工作者要定期学习党中央的方针政策，领会当下的工作重点，保证学生管理工作不脱离正确的方向，不与上级的要求相左。

2.要从高等学校思想政治工作的现实环境出发。高等学校思想政治教育环境可分为硬环境和软环境。硬环境指高校的硬件设施，如教学楼、实验楼、图书馆、学生公寓、仪器、设备、媒体网络和各种文体设施等。从硬环境出发就是要依托学校的硬件设施，充分利用学校的有效资源开展思想政治工作。比如，利用学校的媒体网络资源进行网上思想政治教育，在网上设立虚拟社区、虚拟课堂等，让学生在不受教师影响和学生群体压力的状态下说出心里话，从而把握学生的真实思想动态，有针对性地对其进行疏导。再如，利用学校的各种文体设施经常举办一些有意义的文体活动，把思想政治教育渗透其中，在潜移默化中提高学生的思想水平。软环境指校园的文化环境，包括学校的校风、学风、校训、教学思路、教学体制、文化底蕴和学校建筑布局的美学、人文思想等精神条件。校园文化对学生的影响是循序渐进和渗透性的。因此，学校的校训有无概括性、警示性，校风有无文明性，学风有无进取性，学校教学思路有无灵活性，教学体制有无开放性，学校文化底蕴有无浓厚性，学校建筑布局有无审美性等，都是高校学生思想政治工作能否有效开展的软性基础。

3.要明确学校教育的特性，从学校教育的实际特点出发。学校教育与家庭教育和社会教育的最大不同是学校所进行的各种教育都是有组织、有计划、有步骤的，而且学校主要进行的是理论教育。这一特点决定了学校思想政治教育的方式主要是进行系统的正面理论灌输，目标是帮助处于世界观、人生观、价值观形成和逐步稳定时期的青年学生形成正确的政治观点、思想观念和道德意识，形成正确的道德判断和行为能力。因此，从学校教育的实际特点出发，进而贴近高校实际，政治课教师首先要做好正确的正面理论灌输。列宁在《怎么办》一书中详细论证了"灌输"原理。他认为"工人本来也不可能有社会民主主义的意识。这种意识只能从外面灌输进去，各国的历史都证明：工人阶级单靠自己本身的力量，只能形成工联主义意识"。而且，根据人们思想政治道德品质形成发展的规律，需要进行反复教育才能取得一定的效果。目前，高校的思想政治理论课一般安排在大一和大二，以修满学分的形式结课。这种方式违背了人们思想政治道德品质形成发展需要反复教育的规律，大多数学生在拿到学分后便将教材扔到一边，头脑中的基本理论也所剩无几。等到大四毕业，除非要考研，否则没有人会再去浏览政治理论方面的书籍。所以，现今的高校政治理论课教学亟待改革，整个大学阶段都应开设政治理论课，大一、大二进行基本理论教育，大三、大四要结合实际帮助学生运用所学理论分析政治现象和社会问题。只有这样，高校政治理论课才有效果。也唯有如此，高校思想政治工作才能做到符合学校教育的特点，贴近高校实际。

（三）贴近大学生活，从学生现实生活出发

高校学生生活可以简单分为课堂生活和课余生活。从学生管理的角度讲，如果说课堂生活主要解决学生的认知问题，那么课余生活就主要是解决如何促进学生的知行转化问题。贴近高校学生生活主要是指贴近学生的课余生活。高校学生课余生活首先集中在寝室，即宿舍生活，其次是食堂，最后是娱乐场所。

1.要贴近学生宿舍生活。一般高校均采取流动教室的做法，各专业学生没有自己的固定教室。宿舍是高校学生每天都要滞留的地方，宿舍生活构成高校学生生活最重要的一部分，对高校学生思想政治品德行为的形成具有潜移默化的作用。因此，贴近高校学生生活首先需要从贴近宿舍生活入手，把教育管理工作渗透到日常的宿舍管理和宿舍文化建设中来。随着我国教育改革的推进，各高校逐渐推行宿舍管理社会化的做法，把宿舍楼交给独立运行的物业管理中心来管理。这给在宿舍开展教育管理工作带来了新的情况和问题。在物业中心制定宿舍管理规定的时候，高校学生处和各年级教师等相关高校学生管理工作者应参与其中，把教育管理工作的具体要求固化到宿舍管理规定中来，同时各年级的教师要协助宿舍楼长和管理员做好宿舍卫生的检查和评比工作，要在宿舍文化建设中发挥主导作用。

2.要贴近学生食堂生活。高校学生一日三餐的时间一般在食堂里度过,食堂是除宿舍之外高校学生又一经常集中和滞留之处。教育管理工作贴近食堂生活也具有重要意义。或许是为了管理的方便,一些学校的食堂一般会有高档菜、中档菜、低档菜等有等级差别的标识语。这与我国建设和谐社会的大背景不相适应,学生生活水平(反映家庭生活条件)的差距在食堂里很明显地显露出来。如果人为地将食堂饭菜进行等级划分,将给不同生活水平的同学造成不同程度的影响,尤其会给大一新生(在按阶段划分的角度上,大一和大四学生是高校学生教育管理工作的重点对象)造成不适感,这会影响整个校园生活的和谐度。所以,贴近高校学生食堂生活,应从此类细微处抓起,利用环境对学生品德的渗透性,为学生营造积极的环境,避免消极的环境影响。

3.要贴近学生娱乐生活。高校学生的娱乐生活丰富多彩,既有多种传统的文体娱乐活动,也有新兴的现代都市娱乐活动。传统娱乐活动一般包括跑步、打球、游泳、旅游等活动,现代都市娱乐活动一般指伴随信息时代的到来而出现的网上娱乐、歌舞厅娱乐等活动。在传统娱乐活动中,要注意进行诚信合作与公平竞争意识的渗透和培养,以适应我国逐步推进的现代民主政治建设。但在新兴的网络娱乐活动中,要注意网络道德的渗透和培养。

(四)贴近学生思想,从高校学生思想实际出发

贴近学生思想就是要准确把握高校学生的思想动态。对于不同年级的学生要针对其不同的思想发展状况采取相应的教育管理方法,选择相应的教育管理内容,并灵活选择教育管理时机。

以大学一年级的学生为例,大学一年级学生的思想状况一般呈现以下特点:第一,不适应感。大多数学生是第一次远离家乡来到一个陌生的城市,对新环境的生活除了欣喜和好奇之外,更多的是不适应,包括

不一样的饮食习惯、语言风格和习俗等，尤其是与中学完全不同的学习方式。第二，挫败感。升入大学的学生，尤其是考入重点大学的学生在高中时代多是精英，他们习惯了傲视群雄，但进入大学以后，因环境和竞争对手的改变，以前的优越感便找不到了。第三，孤立感。由于来自五湖四海，彼此不了解，加之习惯的不同，新的同学关系的建立需要一个过程，在此期间就容易感到孤独，主要表现为和高中同学、朋友和家人联系比较频繁。第四，强烈的学习动力和热情。高涨的学习热情不仅表现为课上积极讨论，也表现在课下积极参与各种社团和活动。第五，学习的盲目性。由于生活内容的多样化，很多学生一时找不到学习目标，往往以娱乐代替学习或者把精力全部用在了课外知识的学习上，这往往导致部分学生期末考试不及格。在对大一学生开展教育管理时，必须结合上述思想特点，有针对性地进行新环境的适应性教育、大学学习方法指导、大学生生活规划教育等，以促进大一学生尽快融入大学生活，减少各种心理问题的产生。

（五）完善对学生的管理、指导和服务，要以"三贴近"为根本宗旨

实际工作中，我们始终坚持以"三贴近"为根本宗旨开展工作。几年来，我们努力实现了就业指导工作的三个转变：即由阶段性向全程性转变、由管理型向服务型转变、由单功能向多功能转变。并在机构、人员、经费、场地等方面给予有力保障，引导学生正确认识困难与问题，解除学生心理压力，保证了学校的稳定发展和学生顺利成才。在服务上，我们提出了"心入、情入、投入"的口号，想学生所想，急学生所急，切实为他们解决学习、生活、思想中的困难，力求把工作做深做细、做扎实。

贴近实际、贴近生活、贴近学生，是高校学生管理工作的一条历史经验，是高校学生管理工作所应遵循的一个基本方针，也是高校学生管

理工作增强针对性、实效性的根本保证。今天，在新的社会历史条件下，站在新的历史高度，从新的、更加开阔的视野来认识研究这个问题，并使这一方针以更为丰富的新内涵在高校学生管理工作实践中得以贯彻，对于高校学生管理工作适应时代要求和实践需要不断创新，具有重要的现实意义。

第三节 移动互联网时代高校教育管理工作的新机遇

一、网络对大学生学习和生活的正面影响

（一）网络成为大学生获得知识和信息的有效途径，有利于大学生的学习和成才

网络是巨大的资料库和信息服务中心。大学生可以超越时空和经济的制约，最快地查找学习资料，学会更多课堂以外的知识，从信息中获取养料，完善知识结构。同时，网络又为学生提供角色实践的舞台，在这里可以大胆尝试，不断开拓。随着计算机网络的逐渐普及，大学生可以通过各种互联网获取不断变化的时代和人文技术的知识，并吸收各种知识的养分，从而发展壮大自己。利用互联网，使社会经验较少的大学生获得丰富与提升，能够了解校园文化，了解社会热点，了解国家大事，了解国际形势；了解政治、经济、文化、军事、哲学、科技的发展趋势和历史发展；进行休闲娱乐，交流感情，学术研讨等。因此，网络在很大程度上可以培养和锻炼年轻的大学生，使他们成为社会的象牙塔。网络是一种教育方式，它的特点是信息量大，

传播速度快，影响范围广。它既能丰富教学内容，又能拓宽教学渠道，使学生在广袤的环境中不断地学习、积累知识，更能促进他们的人格发展。特别是校园网络与教育管理网络的建设与发展，使大学生获得更多的知识。这样，才能更好地掌握学生的思想动态，才能使思想政治工作更加有针对性。

目前，我国仍然采用传统的"灌输"教学模式，难以实现"因材施教"，而登录各类教育与科学研究网站，就能填补这一空白。英语四六级、考研、各类电脑教学网站，数理化、历史、地理、医学、生物等专业，都可以登录相应的网站，进行自学辅导、作业测验、大考冲刺、升学模拟考试等。每位大学生都可以根据自己的发展需求，在不同的网站上进行自己的"充电"。此外，通过网上的浏览与学习，可以了解学校没有而其他大学有的教学材料和实验条件，并借鉴学习方法，达到居一校而学各大学，知己知彼，扬长避短的效果。

（二）网络对大学生拓宽眼界、促进创新思维的发展具有积极作用

网络是信息、知识的传播媒介，网络作为一种崭新的东西，在我国大学生中引起了极大的好奇心；同时，网络技术的普及和软件技术的不断完善与升级，也为大学生提供了广阔的创作空间：网页制作、电脑设计、三维动画、工业造型、电脑预决算、网络科研项目、网络课件教辅、远程教育技术服务、大学生网络创业大赛等，无不在内容和形式上造就了大学生的创新欲望，于是，一大批以在校大学生为核心的电脑公司、网吧公司、信息公司等学生企业应运而生，它推动并引领了当今高校学子的无限创造激情，也给国家的未来和现实的经济发展带来了生机和活力。据了解，世界著名品牌"海尔"从全国各地的大学中招募了大量具有创新精神的学生作为其技术骨干，而"清华同方"则是"北大方正"的学生中的佼佼者。据了解，每年都有来自全国各地高校的大学生发明

专利及技术项目竞标。同时，网络时代的发散性思维模式代替了传统思维的狭隘和死板，有利于培养大学生思维的散漫，使其能够正确地看待身边的人和事，树立起科学的人生观和世界观。

（三）扩大大学生的社交圈，促进了大学生的人际交往

个体心理学家广泛地相信，良好的关系是一个精神健康的指标。相关的实证结果也显示，个人的人际关系与个人的心理健康有很大关系，对个人的心理健康起到一定的促进作用。缺乏朋友，无法与别人融洽相处的人，必定有精神上的缺陷。各流派的学者，不管是对精神疾病成因的探讨，还是对心理疗法技术的研究，都十分重视人际关系的地位与功能。沙利文相信精神病包含了所有不适合的人际关系，这主要是因为儿童时期的人际关系被打破，由此造成了严重的焦虑和精神分裂。人文主义心理学认为，人与人之间的关系是精神卫生与心理治疗的核心问题。他们相信，一个具有自我实现能力的人的一个重要特点是可以和别人有很好的关系。而关于人际关系和心理健康之间关系的研究，主要是从人际关系问题的解决角度来研究。

人际关系冷淡是当今社会日益突出的一种社会疾患。在钢筋混凝土的丛林里，人们渴望快速、方便、自在的交流。网络交流拓展了人们的交流空间，使得交流的时效性、便利性和精确性都得到了加强，这对于构建和发展良好的人际关系具有重要意义。在传统的交际模式下，个人的社交活动往往受到现实生活中狭窄的生存空间的限制。但在互联网时代，人类可以跨越遥远的距离，超越地理和地理的局限，将地球变成一个小村庄，真正做到了"朋友遍及世界"。它能让你在家里足不出户就能找到一种与老朋友相处的感觉，无须客套、试探、戒备和道德上的责任感。同时，由于网上人际交流的隐私性，一般不会进行面对面的、直接的交流，使得网络交际比较容易突破年龄、性别、地

位、身份、外貌美丑等传统人际交往影响因素的限制，建立更为和谐、民主、平等的人际关系。

计算机网络不但增加了人们的社交便利，扩大了他们的社交圈，还解决了一些特殊情况下的社交问题。比如，一个严重的脸部烫伤患者，由于脸部畸形，许多人都不愿意或者不愿意靠近；一名行动不方便的人会被局限在一个角落里，不能进入别人的生活圈……计算机网络为特殊人群创造了一个崭新的人际交流空间。另外，对于一些社交焦虑障碍的人，计算机网络也是一种基础的培训手段。

网络最大的优势就是其交互作用，它可以作为媒介，以达到人们的沟通。丰富多彩的论坛、聊天室、虚拟社区、情感驿站，让学生们可以畅所欲言，尽情地表达自己的观点，交到形形色色的朋友，互相交流经验，一起提高。现在，大学生中的大部分都是独生子女，他们渴望和同伴沟通，获得认同。但是，作为家庭的核心，独生子女经常会受到巨大的打击和挑战，很多的心理和情绪问题都会突如其来。大学生心理问题问卷调查表明，大学生的心理问题对他们的学习、生活产生了很大的影响，许多案件表明，有些人甚至会产生心理上的扭曲，从而造成各种不良后果。与此同时，大学学校的管理体制也有别于中学，人际关系的交流变得越来越少，学业和择业的压力也让每一个学生都在为自己的学业而奔波，而丰富多彩的校园文化也会导致不定时的人际情感交流的增加，这样，网上交友就解决了专心学习和择时交友的矛盾。由于网络交朋友是一种快速交朋友的方法，可以根据学生的学习情况，在网络上畅所欲言，释放自己的情绪，减轻自己的学习压力。

（四）网络可以有效地减轻和宣泄个人不良情感，促进其心理健康。

现代心理疗法的研究表明，宣泄对精神卫生的维持与治疗起着重要的作用。心理治疗师的一项重要工作就是要找到一个发泄的途径。然而,由于人们的传统观念、行为习惯等原因,许多人在面对种种困扰、心理问题时,常常缺乏勇气或不习惯去咨询,更不愿向自己所认识的人倾诉。对"心病"的忌讳、"家丑不能传"的普遍心态,明显对个人的心理问题难以及时得到解决,对个人的心理健康也是不利的。计算机网络的匿名特征,为释放学生的不良情绪提供了情感上的帮助和心理支持提供了新的途径。

目前,网上的心理健康网站主要有大学心理学系的网站或主页,网上心理医院的网站或主页,个人创办的心理专业网站或主页,心理学杂志的网站或主页。虽然这些心理主题的网页和主页的侧重点各不相同,但是它们都自觉承担着宣传心理健康知识、提供专业心理咨询服务的职责。它包括心理健康知识、心理健康状况自我评估、网络方式咨询和咨询、心理医院和心理医师预约、心理健康研究进展等。虽然由于经验、人力、资金等原因,网页的内容并不是很丰富,质量也很差,但是由于其使用便捷、快速、保密能力强,因此深受广大网友的喜爱,在某种程度上对网络用户进行心理辅导起到了积极作用。

同时,我们也要注意到,每个人的精神卫生水平都有很大不同,低级精神卫生是指没有任何精神疾病的征兆,而高级精神卫生则是人们的潜力被完全开发或者"自我实现"。所以,就算是普通人,也要不断地提升自己的精神状态,良好的精神状态就是指个人的各项心理素质的协调发展。互联网可以增强互联网用户的自信,刺激他们的想象力、求知欲、创造力,使他们的精神状态持续得到改善。在网络上,各个电子站点的网页都为大学生网络用户提供了展示自己才能的平台。

(五)互联网对高校毕业生就业具有独特的引导作用

随着高等教育由"精英教育"向"大众化"转变,高校招生规模一天比一天大，学生数量一天比一天多，就业情况也越来越严峻。在激烈的社会竞争中，如何找到一份适合自己的工作，是摆在人们面前的一个十分重要的问题。近年来，网上就业辅导已经初见成效，根据相关数据显示，2000年全国仅有10%的大学开设了就业网站，而到2004年初，这一比例已经超过了80%，而且不少大学都把网络辅导工作当成了一条重要的工作途径，许多大学的网上"就业指导"栏目都提供了大量的信息和完善的服务，确保了新的求职信息能够及时地上传。

与传统的广播电视新闻相比，网络所承载的信息具有很大的空间及能够随时点击浏览、比较总结。同时，网络招聘范围广、信息量大，能够在线上浏览各大企业的背景和具体数据，以及它们的发展演变，要比现场招聘所了解到的各大企业要全面得多。于是，有一定电脑技术基础的大学生就开始通过互联网来寻找工作，并在网上找工作。同时，由于网上招聘的便捷、快速的特点，使大学生在经济、学习两方面都能节省时间、金钱、精力，而且花费更少，与用人单位的联系也更频繁。

二、网络时代高校学生管理工作的新机遇

就教育主体而言。网络时代对教育主体提出了更高的素质要求，无论是学校政治思想教育指导思想的摸索、制定、贯彻，还是信息系统的建立、维护和改善，都离不开一支既有过硬的思想水平和觉悟、又具备较高的网络管理才能和信息时代思维方式的教师队伍。教师应加强计算机及网络技术的学习，把网上研究与学生工作紧密结合起来，成为学生在信息世界中的指导者和组织者。应该树立一种"教会选择"的观念，调整自己的角色，从"教会顺从"的训导者变成"教会选择"的指导者。

就教育客体而言。网络为学生打开了沟通世界的大门，扩大了学生的交往面，但过度依赖网络，采用匿名的间接交流方式，逃避直接交

往，虽然让学生更自由地表达自己的思想，但往往过分自由、无约束，各种虚假、错误信息充斥于网上，缺乏明确的思想导向；网络有利于学生了解多元文化，但国际上的强势文化也趁机冲击学生正确的世界观、人生观和价值观的形成。网络互动使学生人际互动的范围扩大、互动主体性增强、互动互助性增强。网络打破了语言、地域、身份、地位、社会制度、文化背景甚至心理等局限，扩大了人们的交往范围，从而有利于促使学生关心全人类，加速他们在世界大范围的社会化进程。但由于学生自身社会化不足、自我约束力不够，也会引发一系列问题，如民族认同感的淡化、自我角色失调、人际异化和自我异化等。

就教育环境而言。网络促进了人类文明成果的大交流和世界文化的大创新。这些新的人类文化成果丰富了学校德育的内容，扩展了德育的文化视野，形成了一个新的学校德育文化媒体环境，对学校德育文化的发展具有深远的积极意义。但网络环境具有易变性和难以控制的倾向，对我国社会的正规教育是一大挑战；网络形成了新的德育环境，传播的内容具有公开性、不可控制性的特点，它使青少年能够突破传统媒体对不良信息的限制，使以往所强调的"突出主旋律"的传播原则受到了挑战。网络媒体环境的公开性为青少年学生的社会化创造了更为开阔的空间和更为便利的条件，网络所构筑的虚拟环境为学生提供了更大范围的社会实践环境。

就教育内容而言。网络时代人们的交往方式、思想观念、道德价值取向发生系统的改变，并产生一些新的道德需求，现实的道德规范在"网络社会"中已显得不足或过时，为了适应这一全新的社会环境，需要构建新的道德规范体系，德育教育必须重构自己的道德内容。因此，网络时代学校德育的内容应注重培养学生的自主选择判断能力、自律意识和自我约束能力。

就教育效果而言。网络作为一种沟通途径，有利于促进师生双方的沟通，有利于提高德育教育实效。另外，网上资源丰富，信息共享，也有利于开阔教育者的视野，从而提高德育的质量。利用网络技术形成生动活泼的虚拟现实生活环境，可以为学生进行各种价值选择实验提供虚拟体验，提高学生的兴趣，从而提高德育教育效果。但网络信息环境的开放性和难以监控性，容易对德育教育效果产生消极影响。

首先，网络时代的来临有利于提高高校学生管理工作的针对性，为高校学生工作奠定良好的思想基础。在传统的高校学生管理模式中，学生处于一种接受知识的位置，不利于学生思维的发挥，创新精神被排斥或限制。而在网络环境下，网络文化的强烈开放性和全球化、数字化、虚拟化等特点，使学生可以自由、平等地体验网络文化带给人们的新境界。学生由传统的被动式接受知识的"灌输"教育转化为主动参与思想交流，赞成什么、反对什么，均可以在网上表示。这使学生工作者能够获得真实的思想信息，对于学生工作的研究及开展针对性和实效性教育提供了契机。同时，学生工作者也可以在虚拟的网络世界里发布有益的信息，对大学生的思想进行积极引导，这对于提高教育的效果，也具有重要意义。

网络文化迅速占领校园，显示了其强大的生命力，备受大学生的欢迎。这极大地刺激了大学生的创新意识、竞争意识和实效意识，落后、封闭、保守的观念被他们抛弃。网络文化也开辟了大学校园文化的新领域，形成了新的文化范畴和文化精神，使大学生在道德观念、生活态度、思维方式、行为模式、心理发展、价值取向等方面表现出新的发展与提升。在客观上为高校学生工作奠定了良好的思想基础。在网络中，学生乐于敞开心扉说实话，自由发表意见和见解，有利于高校教育管理工作者能够更迅速、更确切地了解学生的思想情绪，掌握其思想动态和利益要求，从而把握其思想脉搏和心理脉络，并对症下药，做好教育与引导，从而增强工作的时效性和针对性。

其次，网络的特点使高校学生管理工作更具亲和力和人情味。网络具有开放性和虚拟性，网络信息具有可选择性、平等性，在网络世界里没有权威，这使得学生管理工作更具亲和力、人情味，能够取得更好的教育效果。在网络中，教育工作者与学生之间的地位是平等的，教育工作者不是提供"说服"，而是提供影响、选择、引导。在网络时代，教育管理工作可以融入网络的各种形式中，把正确的人生观、价值观、世界观渗透其中，以增强感染力和影响力。同时，网络的发展使高校学生管理工作可以摆脱时间、空间的限制，迅速而广泛地传播。网络作为新的通信手段，信息传递迅速高效，提高了教育管理工作的效率。

再次，网络的发展为加强和改进高校学生管理工作提供了新的渠道和手段，使工作手段更加多样化，工作方式更具灵活性。在学生工作中，传统的思想教育模式是报告会、演讲、墙报、专刊、社会实践及各种寓教于乐的校园文化活动。而在网络时代，随着大学生上网普及率的提升，教育管理教育的方式和手段更加多样化，如网上讲座、博客、BBS论坛、微博、电子信箱、网上交谈、热线服务等，这些都为高校的学生工作注入了新的活力，这些新方法受到了大学生的广泛欢迎。因此，充分利用好网络，可以使我们的工作做得更加有声有色。网络还具有资源共享的特点，这为高校教育管理工作占领网络思想教育阵地提供了极大的便利。网络是一种极具感染力的传播媒介，它将文本、声音、图画等信息集于一体，能够激发学生的求知欲和想象力，也符合大学生要求自主发展的心理，有利于调动他们的自觉性和主动精神。高校学生管理工作可利用网络特有的信息高集成性、互动性和可选择性，促进学生有选择地、自主地接受教育，这就改变了以往教育工作者需要当面"说服教育"的情形。同时，网络信息的可复制性、共享性、实时性，使全体学生同时接受教育成为可能，这也是传统教育方法所不可及的。

最后,网络还能最大限度地实现高校教育管理教育工作的社会化。当代大学生在成长的环境、学习和生活的方式、接受信息的形式、思维方式等方面都发生和正在发生重大的变化。要根据这些新的变化,因地制宜,因时制宜,加强高校学生管理在方法、手段等方面的改革与创新。要充分利用网络,开展丰富生动的形势与政策宣传教育,活跃学生课外生活和校园文化活动,弘扬主旋律,扶植正气。学生工作要想做到实处并达到良好效果,离不开社会、学校、家庭的共同努力,而网络的"超时空性"恰好为三者的结合提供了方便,使家庭教育、学校教育、社会教育紧密联系、融为一体成为现实。

第四节 移动互联网时代高校教育管理工作的新挑战

一、网络对大学生成才的负面影响

同任何事物一样,互联网也是一把"双刃剑",它对大学生的影响既有积极的一面,也有消极的一面。随着越来越多的大学生接触并深入网络空间,网络的负面影响日趋凸显,主要集中在以下几个方面。

第一,互联网对大学生的人生观、价值观和世界观的形成构成潜在威胁。网络是一个没有国界的世界,全球各种不同的文化形态、思想观念在这里汇集交织,网络使用者轻易就可以感受到东西方文化的巨大差异,因此很容易陷入一种迷惘的境地。大学生的人生观、价值观还不成熟,缺乏"免疫力",长期浸泡在网上,耳濡目染,很容易受到西方外来文化及意识形态的渗透,受到腐蚀,盲目信从。同时,西方一些不健康的生活方式对喜欢猎奇的青少年来说，具有极大的诱惑力和欺骗性，容易使他们艳羡、认同并模仿，产生冲动和迷失，引发对现实的不满，进而丧失进取、奋斗的内在精神和意志。随着西方文化通过网络的传播，其价值观念正潜移默化地影响着当今大学生的价值判断和理想信仰。对于崇尚新知识、新文化、新观念的大学生来说，无疑将面对网络文化的严峻考验，少数控制力不强的大学生很有可能因价值观的错误而埋下犯罪的种子。

在网络这张广袤的"网"里，虽然内容丰富，但种类繁多，质量参差不齐，大学生若经常接触到西方宣传口号、文化思想，就会与中国传统文化、中国主流思想发生矛盾，从而导致他们的价值观发生偏移，乃至盲目追随。长期如此，必然会潜移默化地影响着我们的青年的思想、生活，从而给国家的政治稳定带来很大的隐患。

第二，网络对大学生心理健康的负面作用。人们都知道，持续使用网络会导致情绪低落、眼花、双手发抖、疲乏无力、食欲减退、焦躁不安、血压升高、自主神经功能紊乱、睡眠障碍等。同时，网络环境的恶劣也会对未成年人的身心健康产生危害，严重的还会导致人身伤害。另外，网络对大学生的精神健康也造成了很大的影响。其中最典型的一种，就是"网瘾"：一旦进入互联网，就会变得异常亢奋，而一旦不能上网，就会"网瘾"难耐。其典型的表现为：成天上网，不吃饭，不睡觉，熬夜，导致体力下降，生物钟紊乱，注意力难以集中，情绪低落，思维模糊，头晕目眩，双手发抖，疲乏无力，食欲减退，身体机能下降，精神失常。他们每天花费大量的时间在网络上，失去了对自己的掌控，他们显示出一种精神上的逃避，并且越来越倾向于上网，并且与家庭成员之间的关系也变得很糟糕。此外，对网络的痴迷也会导致孤独症、人际信任危机以及各类交流矛盾。网络自闭症和网络成瘾有很大的相似之处，不同之处在于，网络自闭症更多地表现为身体和认知上的缺陷，而网络自闭症则集中在人际关系上。网络成瘾与人际关系存在着一定的差异，而网络自闭症的个体并没有明显的生理问题。网络自闭症多见于个性内向者，其主要表现为：上网、与现实脱节、寡言少语、情感低落、社交范围狭隘、人际关系淡漠。因为人们把自己的注意力和兴趣集中在网上，不但会对他们的精神健康不利，还会使他们的学业表现降低，影响他们毕业。

网络人际交往中的人际信任危机也会对其现实的人际沟通产生一定的影响，从而使其产生人际关系上的障碍。在诸如聊天室这样的虚拟社群中，以匿名和化名进行的网上交流，很难对其真实性进行管制，甚至公然地承认或默认了交往者的虚假信息。一个身材魁梧的男人，可以给自己取一个甜美可爱的绰号，叫"爱天使"。这种网络人际交往的虚幻特性，使得许多学生在网络上玩起了游戏心理，不但对自己说谎不动声色，而且对别人的行为也没有丝毫的信任。网络人际信任危机会转移到真实的人际交流中，从而造成真实的人际交往中对他人的真实性产生怀疑，从而影响到与他人建立和发展良好的人际关系。网上的人际交流常常会让人产生一种错觉。学生们认为，在家关着门，坐在自己喜爱的计算机面前，是最安全的。在这里，任何人都找不到，更别说是被人窥视了。这种自我感觉让他们对网络犯罪失去了最基本的警惕。

其实，看似安全的地方，其实隐藏着很多危险。不但可以轻易地偷窥电子邮件，甚至可以浏览和销毁计算机中所有的信息。随着互联网犯罪案件的不断增加，网络安全问题也逐渐成为困扰着广大网民的一道心理阴影。人们无时无刻不在担心自己的计算机遭到了黑客的攻击，害怕自己的隐私被别人窥视，害怕那些隐藏在邮件中的病毒，害怕那些从网上走过来的"熟人"。

另外，大学生网恋、失恋、多角恋爱等都是大学生在网上普遍存在的问题。网络恋爱是网络上最热门的话题，网络恋爱的故事更是不计其数。计算机网络无时无刻不在忙着演绎着那些千篇一律的爱情喜剧片，也在痛苦地朗读着无数的爱情故事和悲叹。很多时候，在一段感情被挑逗到了极点的时候，点火者就会从网上消失。另外，很多老套的网恋小说都是"见光死"。互联网极大地增加了恋爱的次数和机会，同时也增加了失恋的概率和频率。就像网络上的爱情能让你体验到真正的爱情一样，网络上的失败也会像真正的爱情那样让人心神不宁。

第三，网络对大学生的社会适应性产生了负面的影响。在互联网这个虚拟的世界里，人们的交流方式大多依赖于抽象的数字和符号，大学生整天沉溺在这样的人机交流方式中，会对他们的社会适应性和能力造成负面的影响，甚至有的大学生还会出现"网络社交障碍"；在网络时代，大学生的交往对象和身份都是不确定的，这就削弱了他们获取社会角色的能力；网络传播的虚拟性、自由性，使人们的行为出现了普遍的不规范。随着网络获得了情感的认可和满意，越来越多的大学生从对网络的强烈的归属感、依赖感延伸到了对现实的疲乏和淡漠，而在这种不为人情所动的逆反心态下，形成了"自我封闭"和"网络"的双重人格。这对大学生社会化是不利的，对其社会化也是不利的。

大学生的上网行为也会导致语言扭曲，交流能力下降。网络的核心是英语，汉语处在"边缘化"的地位，在这种"弱势"的环境下，很多汉语词汇都会被网络特有的词汇所潜移默化地影响。误用同音或谐音字，中英文掺和无序，数字随意代替中文。众所周知，语言是人类思想与交流的媒介，可以反映出某些文化、心理的某些层面，但这种歪曲与异化却不能不引起我们的注意。在交流中，在线交友已经成为当今的潮流，互联网跨越了传统的交际模式，打破了时间和空间的限制。大学生在社交方面的强烈愿望，使得他们沉溺于网络虚拟世界的交流形式，从而忽略了现实生活中的人际交流。然而网络终究是一种冰冷的结构，其传播的载体仅仅是一些象征意义的符号，而大学生的社交网络缺乏丰富的表情、动作，从而影响到他们在现实生活中的交流。很多大学生常常是上网时精神亢奋，上网后无所事事，百无聊赖，有些网络红人可能会遇到很大的困难和阻碍。由此可见，大学生上网不仅浪费了他们的学习时间，还极大地损害了他们的身心健康和社交能力。

二、网络时代高校学生管理工作的新挑战

第一，网络文化导致大学生价值冲突更加直接和剧烈，价值取向更加多元化，价值选择更加困难。当代大学生自我判断是非标准的自主性、独立性增强了，但是其人生观、价值观尚未成熟，容易受到异化思想的冲击，特别是东西方价值观念在学生头脑中的碰撞、冲突更加直接、更加激烈，如不加以正确和有力的引导，必将出现思想上的混乱，影响他们形成正确的世界观、人生观和价值观。

第二，网络传播的信息"垃圾"会对大学生思想和行为产生误导。网络是一个功能齐全的自由社会，它吸引着不同生活背景、不同行业、不同年龄的公民，同时也吸引了许多坏人，盗窃分子、诈骗犯和故意破坏分子。网络上的信息可谓龙蛇混杂、泥沙俱下。网络这个信息的宝库，同时也是一个信息的"垃圾场"。各种不健康的信息混杂其中，自制力较弱的大学生会出于好奇或冲动心理刻意去寻找一些色情、暴力信息。这些信息"垃圾"在毒害大学生心灵的同时，也弱化了他们的道德、法律意识。

第三，网络传播的"虚拟化"方式对大学生的交往方式和人际关系产生了深刻影响。当大学生在网络上获得的快乐比现实多时，自然会把更多的时间投入到网络交往之中，而当他们在现实生活中遇到挫折时，只会更加倾向于在网络中寻求慰藉。这就导致大学生只愿意在网络上寻求虚拟但完美的人生，而消极地对待甚至逃避有缺陷的现实世界，这种情况长期发展，必然会影响和改变人们的交往方式，产生新的人际交往障碍，使行为主体冷漠，人际关系淡漠，人际距离疏远，使人产生孤独、苦闷、焦虑、压抑等情绪，甚至产生心理疾病。学生时代是人际交往能

力和人际关系形成的重要时期，这样的消极影响则显得更为严重。

第四，大学生的自主意识和平等意识的提高使传统的社会控制体系失效。在网络环境中，网络用户的交际角色为"虚拟"，没有上下级、身份尊卑的垂直关系，网络交际趋于扁平，属于典型的"模式化"。网络交际的虚拟性使得人们的交流更加自由和平等，但同时也造成了权力的弱化，从而导致了主导价值观念、公共权威和教育家权威的弱化，使得传统的社会调节作用正在逐步消失。当前，高校学生工作的主要问题是，学生的信息系统已经不受教育者的控制，无法对其进行任何的干涉，而要依靠自己的判断和选择。

第五，单向的灌输式教育管理方式受到挑战。传统教育管理教育是以教育者为主导的，他们把包含社会需要的政治观点、思想体系、道德规范等信息有目的有系统地向受教育者灌输，受教育者在内外多种因素的影响下，有选择地接收信息，"内化"为自己的意识，然后"外化"为具体的行动。在这个过程中，教师通过课堂宣讲、座谈讨论、个别谈话、主题活动等方式传达信息，而报纸、广播、电视、电影等大众传播媒介则起到了辅助作用。教育工作者向学生灌输的信息经过筛选和加工，有助于学生接受积极的思想。

然而，随着网络信息传播对思想领域的入侵，单向的教育模式越来越不能满足大学生的心理需求，其有效性不可避免地受到削弱。大学生在深入网络生活并渐渐习惯于网络这种双向甚至多向的沟通方式后，必定要求教育工作（包括专业教育和教育管理教育）从内容到形式都能够采取更为民主、更为自由、更为生动的方式进行。这将改变教育者的关系和位置，信息传播的内容和途径也不为教育者所掌控。对此，传统的教育管理教育显然还没有充分的准备。

第六，高校学生管理者的人格魅力面临挑战。面对网络的冲击，部分学生工作者缺乏应有的思想准备和应有的科学文化素质。据统计，教师中经常上网的主要是35岁以下的年轻教师，而有些年龄稍大的教师则对网络不感兴趣。学生管理者对于网络这一领域不甚了解或只是略知一二，不具备较高的网络知识和英语水平，有的明显落后于青年大学生。因而，也就有可能缺乏大学生所崇拜的科学文化素质、人格魅力及亲和力。而对高校学生工作者来说，人格魅力和亲和力有时决定了教育的效果。而学校的网络管理人员一般只能做网络的基本维护工作，对其中传播的内容无从管理，对网上产生的问题不能及时发现，更谈不上参与教育的问题了。

参考文献

[1] 龙兴跃.科学发展观与高校教育管理[M].成都：电子科技大学出版社，2008.

[2] 姚会彦，陈炳，高猛.高校日常教育管理新论：基于交叉思维的专题研究[M].杭州：浙江大学出版社，2013.

[3] 教育部思想政治工作司组.大学生管理研究[M].北京：高等教育出版社，2012.

[4] 季飞.中国高校内部管理"去行政化"研究[M].北京：世界图书出版公司，2014.

[5] 段海峰.行政法视角下的高校管理[M].北京：人民出版社，2010.

[6] 翁铁慧.高校学生辅导员行动指引[M].上海：中国福利出版社，2004.

[7] 郗杰英，周扬帆.大学生素质拓展计划理论与实务[M].北京：中国言实出版社，2004.

[8] 瞿振元.大学生就业指导[M].北京：高等教育出版社，2001.

[9] 顾明远.大学生就业指导[M].北京：中国科学文化出版社，2002.

[10] 刘献文，吴兴杰，江远.大学生就业指导教程[M].沈阳：辽宁大学出版社，2003.

[11] 教育部人事司.高等教育学[M].北京：高等教育出版社，1998.

[12]余亚萍.思想政治教育学新探[M].上海：上海人民出版社，2004.

[13]崔丽丽.互联网时代高校教学改革与实践探究[J].文理导航（旬），2017（08）.

[14]刘一虹.互联网+时代创新高校教育管理的思考[J].知识经济，2017（06）.

[15]林凌敏，浦玉忠，任玉荣."互联网+"时代下的高等教育发展研究[J].教育理论与实践，2016，36（30）.

[16]李琼严."互联网+"时代的高校基建档案管理模式研究[J].山西档案，2015（06）.

[17]付萌."互联网+"时代高校教育管理新模式初探[J].西部素质教育，2017，3（09）.

[18]元元.西安欧亚学院——引领中国民办高等教育新走向[J].中国教育报，2002（6）.

[19]刘瑾辉.关于新时期大学生建党工作着力点的思考[J].扬州大学学报，2006（5）.

[20]周济.第十二次全国高等学校党的建设工作会议上的讲话[R].高校党校教育，2004（1）.

[21]李春如.努力做好新时期高校学生党建工作[J].理论界，2002(6).

[22]孙承鹏.加强学生党员管理提高学生党建实效[J].党建视点，2006（5）.

[23]袁贵仁.加强和改进大学生思想政治教育 为社会主义和谐社会培养高素质人才[J].光明日报，2005-11-2.

[24]向宇森.基于移动互联网的大学生思想政治教育实效性研究[D].西南大学，2015.